浙江省普通高校"十三五"新形态教材

高等职业教育经济管理类专业基础课系列教材

电子商务理论与实务

主编 冯 岚

科学出版社

北 京

内 容 简 介

　　本书为浙江省普通高校"十三五"新形态教材,根据当前高职院校学生面临的岗位要求,分为走进电子商务、电子商务市场分析、电子商务典型细分领域、电子商务技术基础、网上支付、电子商务安全与法律、网络营销、短视频与直播电商、农村电商、跨境电商 10 章,帮助学生增强对电子商务的整体认知,培养学生处理电子商务事务的基本技能。

　　本书可作为高职院校电子商务、市场营销、国际贸易、物流管理等专业学生的学习用书,也可作为从事电子商务工作的相关从业人员的参考用书。

图书在版编目(CIP)数据

电子商务理论与实务/冯岚主编. —北京:科学出版社,2023.1
(浙江省普通高校"十三五"新形态教材·高等职业教育经济管理类专业基础课系列教材)
ISBN 978-7-03-067836-2

Ⅰ.①电…　Ⅱ.①冯…　Ⅲ.①电子商务–高等职业教育–教材
Ⅳ.①F713.36

中国版本图书馆 CIP 数据核字(2020)第 269664 号

责任编辑:薛飞丽 / 责任校对:王万红
责任印制:吕春珉 / 封面设计:东方人华平面设计部

科 学 出 版 社 出版
北京东黄城根北街 16 号
邮政编码:100717
http://www.sciencep.com

北京九州迅驰传媒文化有限公司印刷
科学出版社发行　各地新华书店经销
*

2023 年 1 月第 一 版　　开本:787×1092　1/16
2024 年 7 月第二次印刷　　印张:10 3/4
字数:254 904

定价:34.00 元

(如有印装质量问题,我社负责调换)

销售部电话 010-62136230　编辑部电话 010-62135763-2039

高等职业教育经济管理类专业基础课系列教材

前　言

当前，我国进入向第二个百年奋斗目标进军的关键时刻，高质量发展是全面建设社会主义国家的首要任务，电子商务作为经济增长的重要引擎，行业发展巨变，新技术、新媒体、新业态层出不穷，人工智能、云计算等全新概念正在深刻重组传统的电子商务领域，给电子商务的核心知识架构带来全新的挑战。高职学生面临的岗位要求同样处于随时更新的状态。基于此，编者以专业的培养目标要求和职业岗位技能标准确定教材大纲与内容结构，使本书体现当前电子商务发展趋势及新业态，提供丰富的在线开放式课程资源，融入"新商科"体系下的全新岗位技能要求，融汇知识、能力、素质、思政多重目标，充分运用多种形式的媒体资源。学生可通过扫描本书中的二维码，观看微课视频、拓展资源，课程资源实时更新、高效互动。

本书的主要内容介绍如下。

第一章为走进电子商务，介绍电子商务发展历程与现状，梳理电子商务的整个发展历程，详细地阐述电子商务的内涵、特征、主要模式等。

第二章为电子商务市场分析，介绍网络零售市场、B2B 电子商务市场、O2O 电子商务市场的概况，配合典型行业案例进行分析。

第三章为电子商务典型细分领域，介绍电子商务具有代表性的在线旅游、在线教育、网络招聘、网络婚恋交友几个细分领域，重点分析这些领域的应用现状、发展前景与机会。

第四章为电子商务技术基础，介绍计算机网络、Internet（互联网）、云空间、移动电商、大数据技术及其在电子商务领域的应用。

第五章为网上支付，介绍网上支付、网上银行、第三方支付的基础知识及业务流程，重点介绍当前主流的网上支付方式。

第六章为电子商务安全与法律，介绍当前电子商务安全面临的主要问题及主要安全技术策略，电子商务交易风险的种类、识别与防范，以及我国第一部电子商务法律立法始末与主要内容。

第七章为网络营销，介绍网络营销的内涵、网络营销的特点与工具等，重点介绍网络广告、搜索引擎营销、社会化媒体营销的具体应用。

第八章为短视频与直播电商，介绍短视频与直播电商的发展历程，并对典型的案例进行分析，重点介绍短视频的创作与变现、直播电商的主要平台及特点。

第九章为农村电商，介绍淘宝村现象解读及农村电商的发展现状，重点介绍电子商务扶贫与乡村振兴。

第十章为跨境电商，介绍跨境电商的定义、发展现状及第三方平台，重点阐述跨境电商的分类、跨境物流与海外仓操作、跨境电商选品策略及平台注册。

　　本书由冯岚担任主编，负责统稿总纂，参与编写的有毛超、童婷婷、刘谱、余子忠等。具体的编写分工如下：冯岚编写第一章至第五章、第九章，刘谱编写第六章，余子忠编写第七章、第八章，毛超编写第十章，童婷婷等参与了本书的案例编写，任佳希、叶小健、胡灵欢等参与了本书的微课制作。

　　编者在编写本书的过程中，借鉴了艾瑞网、中国电子商务研究中心、I博导、网经社等网站的网络资料和数据，得到了校企合作单位浙江羽化科技有限公司的大力支持和帮助，在此一并表示诚挚的谢意。

　　由于编者水平有限，加之时间仓促，本书难免存在不足之处，敬请广大读者批评指正。

目 录

第一章
走进电子商务

知识目标

1. 了解我国电子商务的发展历程与现状。
2. 理解电子商务的内涵及特征。
3. 熟悉当下电子商务的主要模式。

能力目标

1. 能够分析电子商务的发展趋势及面临的挑战。
2. 能够掌握电子商务的主要业务流程。
3. 能够掌握电子商务在不同行业的应用。

素质目标

1. 具有互联网思维和大数据意识，能够运用互联网检索工具获取数据、处理数据并进行初步研判。

2. 具有前瞻意识和市场意识，有一定的敏锐性与判断力。

思政目标

1. 坚持胸怀天下，拓展世界眼光，深刻洞察电子商务发展进步潮流，掌握行业前沿趋势。

2. 恪守职业道德，尊重个人隐私，合规获取数据。

引言

电子商务已成为 21 世纪社会与经济发展的核心领域之一，也是网络应用的主要发展方向。它改变了人们的购物方式，对社会的生产管理、法律制度及教育文化都产生了巨大的影响。本章以我国电子商务的发展历程与现状为起点，介绍电子商务与传统商务、电子商务的内涵与特征，以及电子商务的构成要素与主要模式。

第一章　引导案例

第一节　我国电子商务的发展历程与现状

一、我国电子商务的发展历程

我国电子商务发展至今已有 20 多年，大致分为以下几个阶段：萌芽期、雏形期、回暖期、奔跑期与融合期。

1. 萌芽期（1996～1999 年）

1999 年被视为中国电子商务元年。在此之前，中国的电子商务已经萌芽，1997 年，中国化工网成立，1998 年 2 月中国制造网英文版上线，但主要面向海外市场，国内的电子商务基石还没有形成。1999 年，国家信息化工作领导小组成立，这意味着中国电子商务时代的正式开启，中国的电子商务进入了实质化商业阶段。1999 年 9 月，阿里巴巴成立，这标志着中国电子商务 B2B（business to business，企业对企业）模式的正式开端；9 月，中国国际电子商务应用博览会开幕；招商银行启动一网通网上银行服务；12 月，中国建设银行推出网上支付。携程、盛大等在电子商务领域占据一席之地的公司也在这一年成立。网络经济与电子商务成为资本市场新宠儿。

2. 雏形期（2000～2002 年）

2000 年初，我国网民增长至 890 万人，拥有能上网的计算机约 350 万台，使电子商务开始有了市场。2000 年 5 月，卓越网成立，拉开了我国电子商务 B2C（business to consumer，企业对消费者）模式的序幕；6 月，中国电子商务协会成立；12 月，阿里巴巴获得 2500 万美元投资。2001 年，13 所大学试办电子商务专业。2002 年 3 月，eBay 购入易趣 33%的股份；同年 10 月，阿里巴巴实现收支平衡。随着美国的互联网泡沫破灭，资本再次远离互联网。

3. 回暖期（2003～2005 年）

2003 年，电子商务发展的大好形势加速了电子商务企业的上市。2003 年 5 月，淘宝网成立，拉开了我国电子商务 C2C（consumer to consumer，消费者对消费者）模式的序幕；6 月，eBay 全盘收购易趣网，开始了与淘宝网的竞争；10 月，阿里巴巴推出支付宝，携程在纳斯达克上市。淘宝网和支付宝的成立为阿里巴巴占据有利的互联网商业地位奠定了基础。易趣网、eBay 将中国作为最大市场。同时，在 B2C 市场，亚马逊进入中国，可惜其本土化不是那么成功；而这时的京东准备开拓 B2C 模式，主攻线上平台。

2005 年，腾讯拍拍网依托于腾讯 QQ 超过 5.9 亿的庞大用户群及 2.5 亿活跃用户成立。自此，eBay、淘宝网、拍拍网呈三足鼎立之势。

4. 奔跑期（2006～2010 年）

在 2007 年 9 月 15 日的网商大会上，阿里巴巴宣布将投资 100 亿元打造电子商务生态链。一个半月后，B2B 上市的意义落在了"100 亿元"和"电子商务生态链"这两个关键词上。2008 年，淘宝商城成立，中粮我买网、苏宁、国美等传统企业纷纷进入电子商务领域。2009 年是"双 11"元年。2010 年各大电子商务巨头（如天猫、京东等）开始竞争，电子商务进入了群雄激战的时期。

5. 融合期（2010 年以后）

腾讯于 2011 年 1 月 21 日推出了微信应用。2012 年，淘宝"双 11"销售额达到 191 亿元。2013 年余额宝的推出及菜鸟网的诞生，使阿里巴巴进入了金融、物流等领域。在 2014 年，电子商务 O2O（online to offline，离线商务）模式得到了推广。从 2015 年开始，农村电子商务（以下简称农村电商）、移动电子商务（以下简称移动电商）、跨境电子商务（以下简称跨境电商）都得到了国家的大力支持，发展迅速。2016 年出现的直播电子商务（以下简称直播电商），自 2019 年盛行兴起至今，已成为全新的电子商务业态。

二、我国电子商务的发展现状

21世纪,人类迎来以网络通信为核心的信息时代。随着经济全球化、贸易自由化、信息网络进程的推进,与网络相伴而生的电子商务,成为实现金融电子化、管理自动化、商业信息网络化的一种综合活动。每个人都毫无悬念地被卷入了一场新的商业革命。

（一）电子商务发展的互联网基础资源建设加速,数字应用基础服务不断丰富

中国互联网络信息中心（China Internet Network Information Center,CNNIC）于2021年8月27日在北京发布第48次《中国互联网络发展状况统计报告》（以下简称《报告》）。《报告》显示,截至2021年6月,我国网民规模达101074万,较2020年12月增长2175万,互联网普及率达71.6%,如图1-1所示。10亿用户接入互联网,形成了全球最为庞大、生机勃勃的数字社会。

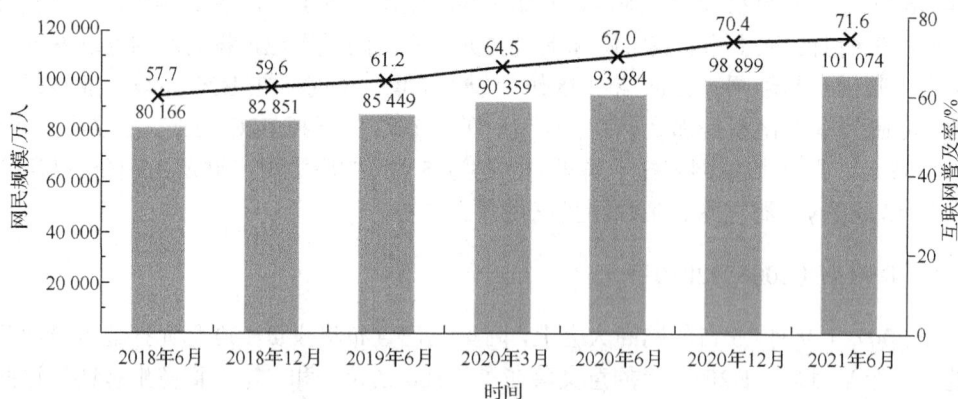

图1-1 我国网民规模与互联网普及率

1. 互联网基础资源加速建设,数字新基建基础不断夯实

截至2021年6月,我国IPv6地址数量达62 023个/32地址块,较2020年12月增长7.6%。移动电话基站总数达948万个,较2020年12月净增17万个。

随着数字新基建基础的不断夯实,我国拥有全球最大的信息通信网络。截至2021年4月,我国光纤宽带用户占比提升至94%,固定宽带端到端用户体验速率达到51.2Mbit/s,移动网络速率在全球139个国家和地区中排名第4位。

我国5G商用发展在规模、标准数量和应用创新三大方面领先。截至2021年5月,我国5G标准必要专利声明数量占比超过38%,位列全球首位;5G应用创新案例已超过9000个。5G正快速融入各行各业,已形成系统领先优势。

2. 数字应用基础服务日益丰富，带动更多网民使用

互联网及科技企业不断向四、五线城市及乡村下沉，带动农村地区物流和数字服务设施不断改善，促使消费流通、生活服务、文娱内容、医疗教育等领域的数字应用基础服务愈加丰富，为用户带来数字化便利，带动政务服务水平不断提升，使用户习惯加速形成。全国一体化政务服务平台在疫情期间推出返岗就业、在线招聘、网上办税等高频办事服务 700 余项，加大政务信息化建设统筹力度，不断提升人民幸福感。截至 2021 年 6 月，我国农村网民规模为 2.97 亿，农村地区互联网普及率为 59.2%，较 2020 年 12 月提升 3.3 个百分点，城乡互联网普及率差距进一步缩小至 19.1 个百分点。农村地区通信基础设施逐步完善，推动农村互联网使用成本逐步下降。

（二）电子商务交易额持续增长

据商务部电子商务和信息化司发布的《中国电子商务报告 2020》显示，2020 年全国电子商务交易额达 37.21 万亿元，同比增长 4.5%；全国网上零售额达 11.76 万亿元，同比增长 10.9%。其中，实物商品网上零售额达 9.76 万亿元，同比增长 14.8%；农村网络零售额达 1.79 万亿元，同比增长 8.9%；农产品网络零售额达 4158.9 亿元，同比增长 26.2%。跨境电商进出口总额达 1.69 万亿元，同比增长 31.1%。其中，出口商品总额达 1.12 万亿元，同比增长 40.1%；进口商品总额达 0.57 万亿元，同比增长 16.5%。电子商务服务业营收规模达 5.45 万亿元，同比增长 21.9%。其中，电子商务交易平台服务营收规模达 1.15 万亿元，同比增长 36.3%。

（三）电子商务与社交应用融合加深，移动支付使用率保持增长

网络购物与网上支付已成为网民使用比例较高的应用。电子商务、社交应用、数字内容相互融合，拓展了电子商务业务。网络娱乐市场需求强烈，网络音乐原创作品得到扶持，网络文学用户阅读方式多样，网络游戏类型的多样化和游戏内容的精品化趋势明显。短视频应用迅速崛起。有 74.1% 的网民利用短视频平台满足自己碎片化的娱乐需求。

在此基础上，电子商务总体保持稳定发展趋势，在协调供给侧结构性改革、拉动就业、助力乡村振兴等方面发挥重要作用。另外，绝大多数支付机构接入互联网，提高了资金的透明度和网上支付的安全性。手机网民中使用移动支付的比例达 71.9%。

（四）信息领域新兴技术取得重要进展，产业应用稳步推进

我国量子信息人工智能、超级计算机、工业互联网等信息领域新兴技术发展势头向好。我国在量子芯片、量子编程、量子软件等方面均有布局；推出具备自主知识产权的类脑计算芯片产品；促进人工智能在线下零售店、家庭儿童教育、养老陪护、家务工作、医疗健康、投资风控等多种场景迅速落地；在超级计算机自主可控、峰值速度、持续性能、绿色指标等方面实现突破；企业信息系统进一步向云平台迁移，促进工业互联网平

台快速发展。近年来，我国工业互联网"综合性+特色性+专业性"平台体系基本形成，具有一定行业和区域影响力的工业互联网平台超过 100 家，连接设备数超过 7000 万台（套），工业 App 超过 59 万个，"5G+工业互联网"在建项目已超过 1500 个，覆盖 20 余个国民经济重要行业。

（五）直播电商崛起，呈现爆发式增长

我国的直播电商起始于 2016 年，以内容建设与流量变现为目的起步，使产业链逐步完整化、多元化。2019 年，直播电商行业处于爆发式增长阶段，交易额陡增，头部流量平台和交易平台持续向直播倾斜资源，直播带货几乎成为各大平台的标配。

艾媒咨询数据显示：2020 年，我国直播电商市场规模为 9610 亿元，主流直播电商平台年成交额达到数亿元量级，预计未来两年仍会保持较高的增长态势。随着内容平台与电子商务交易的融合程度不断加深，预计未来直播电商行业空间渗透率可达到 90%左右，预计 2023 年直播电商站内 GMV（gross merchandise volume，商品交易总额）将超 2300 亿元。

第二节　电子商务与传统商务

一、商务活动的本质及特点

商务是指一切与买卖商品服务相关的商业事务。商务活动是指企业为实现生产经营目的而从事的各类有关资源、知识、信息交易等活动的总称。

（一）商务活动的本质

商务活动是至少有两方参与的有价物品或服务的协商交换过程，它包括买卖双方为完成交易所进行的各种活动。商务活动是物流、资金流、信息流"三流"的统一。

在现代商务活动中，任何一笔交易的达成都离不开物流、资金流、信息流的实现。物流是指商品或服务的配送和传输。大多数商品仍然需要通过传统渠道流通；而一些数字化的虚拟产品或服务，如计算机软件、手机充值交费、电子出版物、信息咨询等，则可以直接以网络传输的方式流通。资金流是指资金的转移，包括付款、转账、兑换等。信息流是指信息的传播与流动，是物流过程的动态反映。信息流分为采集、传递和加工处理 3 个过程。

（二）传统商务的局限

在传统商务活动中，消费者处在链条末端。产品经由"生产商→物流配送→批发商→零售商"这一供应链，最后传送到消费者手中。供应链流程图如图 1-2 所示。

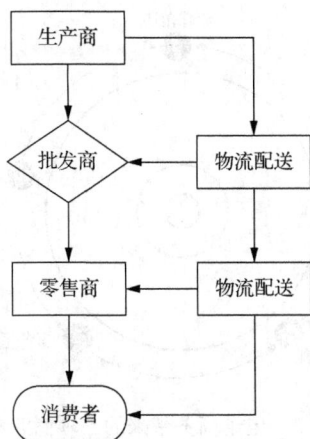

图 1-2　供应链流程图

　　传统的商务活动是通过当面直接交易或通过纸面单证往来传输的方式进行的。在传统商务活动中，无论是柜台售货、开架自选，还是召开订货会进行商贸谈判，或者借助纸面单证往来传输方式询价与报价等，都通过直接或间接的物理接触来完成业务交易。传统商务这种面对面洽谈、书面单证往来传递的物理接触方式，具有信息不完善、耗费时间长、花费成本高、库存占用大、生产周期长、客户服务不及时等局限性，这为电子商务留下了巨大的发展空间。人们不断克服传统商业的局限，挖掘技术特别是信息技术的潜力，优化营商环境，这正是电子商务的终极目标和努力方向。

（二）传统商务的发展

　　通过互联网等电子通信手段开展的电子商务，极大地拓展了商务活动的时空，使一些传统的工作方式和岗位在逐渐消失或改变的同时，也在不断创造新的工作方式、工作内容、沟通方式和创业模式。之所以说电子商务是传统商务的发展，是因为以下两点。

　　1）电子商务是在传统商务的基础上发展起来的。电子商务没有改变商务活动的本质，不能与传统商务截然分开，两者之间有着密切的联系。电子商务的发展不是要完全排除和取代传统商务模式。例如，很多电子商务网站提供传统的"货到付款"的支付方式，且在宣传和推广网站时，也离不开传统的广告和促销方式。

　　2）电子商务具有巨大的融合性。电子商务把过去似乎不相干的很多概念、技术和工作融合在一起，也把传统商务模式与电子商务模式融合在一起。例如，O2O 模式就是让消费者在网上选择产品或服务，而在线下实体店中进行消费；或者在线下寻找合适的服务商家，再到线上来交易、评价。无论是线上还是线下，都通过互联网高度融合在一起。

二、电子商务的优势

　　进入 21 世纪，电子商务蓬勃发展，势不可当，带来以下 5 项商业利益，如图 1-3 所示。

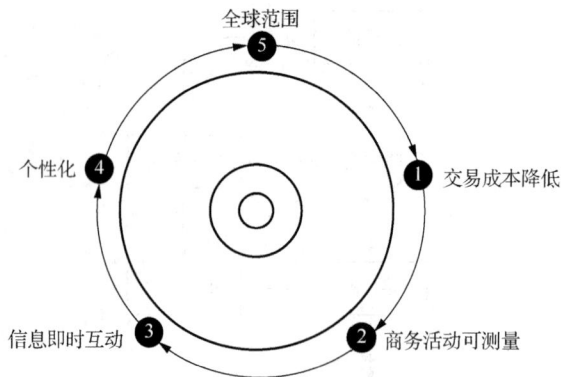

图 1-3　电子商务带来的 5 项商业利益

（一）交易成本降低

电子商务降低商务活动成本主要体现在以下几个方面。

1）营销效率提高，促销费用降低。据统计，在 Internet 上做广告可以提高销售数量 10 倍，而成本只是传统广告的 1/10。

2）采购成本降低。借助 Internet，企业可以在全球市场寻求价格最优惠的供应商，并通过与供应商共享信息减少中间环节因信息不准确而带来的损失。有资料表明，使用 EDI（electronic data interchange，电子数据交换）通常可以为企业节省 5%～10% 的采购成本。

3）库存减少。企业为应付变化莫测的市场需求，不得不保持一定数量的库存产品；企业对原料市场把握不准，常常需要维持一定的原材料库存。产生库存的根本原因是信息不畅。以信息技术为基础的电子商务可以改变企业决策中信息不确切和不及时等问题。商家通过 Internet 将市场需求信息传递给企业以决策生产，同时企业的生产信息也可以实时传递给销售商，从而实现零库存管理。

4）生产周期缩短。产品是众多企业相互协作的成果，产品的设计、开发、生产和销售涉及许多关联的企业。通过电子商务，可以将过去信息封闭的分阶段合作方式改变为信息共享的协同工作方式，从而最大限度地减少因信息封闭而出现的等待时间。

5）管理成本降低。不需要门面，可在任意地点办公。

6）劳动生产率提高。企业应用电子商务后，可以通过网络自动处理某些业务流程，与供货商和配送商实现无缝对接，从而提高劳动生产率。

（二）商务活动可测量

在传统商务中，人们被不确定性所困扰；而在电子商务中，所有的交易活动都变得有迹可循。

1）在互联网上，大多数东西都是可以被测量的，也可以通过 Cookies 等日志文件跟踪、计算和衡量任何出现在网上的记录。

2）可以测量站点的流量和质量。网站在线访问者有多少、有何需求，这些信息大部分无法从访问者处直接获取，但是通过相关的网络技术就可以得到。

3）可以测量访问者的路径和喜好。可以利用互联网技术了解访问者的上网行为，分析访问者离开站点时的路线。

（三）信息即时互动

网络的互动性是电子商务的最大优势之一。便捷的沟通可让卖家快速地了解消费者的需求，即时的反馈可更快地消除访问者心中的困惑。

（四）个性化

通过网络的互动，企业可以在一定范围内收集客户的数据，以帮助企业更好地为客户提供个性化服务；客户可以定制商品；商城可以自动根据老客户以前的购买行为为其推荐商品。电子商务中的个性化技术表现在以下几个方面。

1）自动识别。老客户在填写订单时，无须重新输入姓名、货物、收货地址等信息。

2）针对性展示。可以根据客户过去的站点活动，让客户访问的站点因人而异。例如，长沙与北京的访问者在搜索天气预报时看到的反馈页面不一样。

3）用户化设计。访问者看到站点的页面是针对他们自身特征设计的。个性化是使客户和企业双赢的重要策略。站点的个性化设计会让访问者感受到被尊重，使他们更愿意经常访问该站点；企业也将降低开发新客户的成本，从而获得更多的忠诚客户。

（五）全球范围

如果企业的产品要面向全球市场，那么电子商务是一个极其有效的渠道。例如，开发新客户无须增加组织成本；24小时在线交易；距离不再是问题；使分散很广的客户彼此联系更紧密，与企业联系更紧密。当然，电子商务优势的发挥，还有赖于企业和社会对技术、人才、环境等优势资源的高效整合。

三、电子商务面临的挑战

1. 电子商务是一个新的商业形态，需要特别的投入和准备

电子商务作为一种新的商业形态，在前期要求投入一定的资金、人力成本。其中，软硬件设备的投入、新技术的使用、新员工的培训，以及企业经营、管理、创新方式的变革，都要求企业在开展电子商务的同时应保持镇静，要有足够的心理、资金、技术、管理等方面的准备。

2. 客户多种多样，针对不同客户应有相应对策

有些客户不能通过在线方式来获得服务和支持，还有些客户不是通过计算机上网，而是通过手机、电视机等其他设备上网。企业需要考虑如何高效地接触并影响这些客户。

3. 电子商务让客户有了更大的选择余地与控制能力，增加了客户流失的风险

在互联网上，客户不必经由长长的供应链，只需通过单击鼠标就可以从生产商、批发商、零售商那里获得自己所需的产品或服务。电子商务使客户有了更大的选择余地与控制能力，从而使客户的选择成本下降了，但同进增加了客户流失的风险与留住客户的成本。

第三节 电子商务的内涵与特征

一、电子商务的内涵

电子商务的内涵有狭义和广义之分，狭义的电子商务（electronic commerce，EC）是指以商品交换为核心，实现整个贸易过程的电子化，主要是指利用 Internet 从事交易活动。广义的电子商务（electronic business，EB）是指以企业的生产经营目标为核心，实现所有商务活动业务流程的电子化。广义的电子商务涵盖的范围扩大了很多，主要是指利用各种电子手段从事商务活动。

从狭义角度来看，电子商务是以互联网为运行平台的商务交易活动，如在线订票、开网店等。

从广义角度来看，一切以电子技术手段所进行的商务活动都可以被称为电子商务。电子技术手段主要是指计算机智能技术和网络信息技术；商务活动主要包括企业内部管理（生产、财务、研发、采购）、企业客户关系管理（客户档案、沟通、分析）、企业品牌宣传与销售管理、企业商务信息搜集与管理、销售渠道建设等。广义的电子商务是指整个贸易活动的自动化和电子化。

电子商务是一种新型的商业运作模式，它使信息流、资金流和物流融为一体，如图1-4所示。电子商务不仅包括企业前台商务的电子化，还包括后台的整个运作体系的全面信息化，以及企业整体经营流程的优化和重组。也就是说，电子商务建立在企业全面信息化的基础上，通过计算机网络对企业的生产、销售、库存控制、服务及资金运作等环节实行全方位的管理与控制。

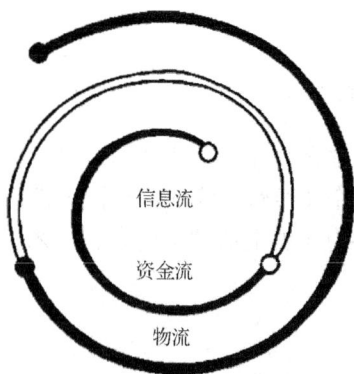

图1-4 电子商务的"三流"模型

目前，基于互联网的电子商务已经渗透进各行各业，走入千家万户。基于手机通信的移动电商也正迅猛发展。

二、电子商务的特征

电子商务的特征可以归结为以下几点：交易快捷化、交易虚拟化、交易连续化、产品丰富化、市场全球化、成本低廉化。

1. 交易快捷化

互联网将贸易中的商业报文标准化。商业报文能在世界各地瞬间完成传递与计算机自动处理，从而使原料采购、产品生产、需求与销售、银行汇兑、保险、货物托运及申报等过程无须人员的干预，并能够在最短的时间内完成。电子商务克服了传统贸易方式费用高、易出错、处理速度慢等缺点，极大地缩短了交易时间，使整个交易更加快捷方便。

2. 交易虚拟化

通过 Internet 进行的贸易，贸易双方从贸易磋商、签订合同到支付都无须当面进行，而可以通过计算机互联网络完成，使整个交易完全虚拟化。卖方可以到网络管理机构申请域名，制作自己的主页，组织产品信息上网，而虚拟现实（virtual reality，VR）、网上聊天等技术的发展使买方能够根据自己的需求选择广告，并将信息反馈给卖方。买卖双方通过信息的推拉互动，签订电子合同，完成交易并进行电子支付，整个交易都在网络这个虚拟的环境中进行。

3. 交易连续化

传统商务是以固定不变的销售地点和销售时间为特征的店铺式销售，其交易会因时间或地点的限制而中断；而电子商务的交易空间随网络体系的延伸而延伸，没有任何地理障碍，交易时间由网上用户决定。电子商务在一定程度上满足了网上用户的消费需求，不会因交易时间和地点的限制而中断交易，这体现了电子商务的交易连续化的特点。

4. 产品丰富化

电子商务的产品涉及人们日常生活的衣、食、住、行等各方面。通过网络购物，人们可以足不出户地购买到需要的产品；通过在线支付，人们只需要一部手机即可完成线上交易。随着互联网科技的发展，电子商务会逐步包含更多的传统商务活动中的产品和服务，使人们的生活更加快捷方便。

5. 市场全球化

随着互联网经济的崛起，"互联网+"引领下的电子商务正在深刻影响经济的增长方式，深化经济结构调整，使国际贸易从单一做大做强到双向优化和平衡转变。随着世界经济全球化、区域经济一体化的深入发展，电子商务市场全球化已成为必然趋势。

6. 成本低廉化

双方的距离越远，在网上进行信息传递的成本相对于信件、电话、传真就越低。买卖双方通过网络进行商务活动，无须中介参与，减少了交易的相关环节。卖方可通过互联网络进行产品介绍、宣传，不需要在传统方式下做广告、分发印刷品等。电子商务实行"无纸贸易"，可减少 90%的文件处理费用。互联网使买卖双方即时沟通供需信息，使无库存生产和无库存销售成为可能，从而降低库存成本。

第四节 电子商务的构成要素与主要模式

一、电子商务的构成要素

电子商务是金融电子化、管理自动化、商业信息网络化的一种综合化活动。电子商务交易的主体是指从事电子商务活动的客观对象，它可以是银行、企业、商店、政府机构、科研教育机构和个人等。电子市场是指电子商务的各类交易主体从事商品或服务交换的网络虚拟场所，它由各种各样的商务活动参与者组成。

电子商务活动是指电子商务的各类交易主体在以互联网为主要平台的电子市场中所开展的以商品交换为目的的各种商务活动。电子商务的构成要素主要有网络、电子商务用户、认证中心（certificate authority，CA）、物流配送中心、网上银行、商务活动管理机构等，如图 1-5 所示。

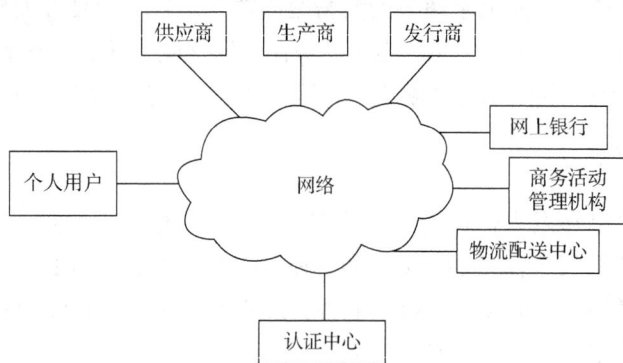

图 1-5　电子商务的构成要素

1. 网络

网络包括 Internet、intranet（内联网）和 extranet（外联网）。Internet 是电子商务的

基础，是商务信息和业务信息传递的载体；intranet 是企业内部服务活动的场所；extranet 是企业与用户进行商务活动的纽带。

2. 电子商务用户

电子商务用户包括企业用户（供应商、生产商、发行商）和个人用户。企业用户通过建立 intranet、extranet 和 MIS（management information system，管理信息系统），对企业的人、财、物、产、供、销进行科学管理。个人用户利用浏览器、电视机顶盒、PDA（personal digital assistance，掌上电脑）和 Visual TV（visual television，可视电视）等接入 internet 获取信息和购买商品。

3. 认证中心

认证中心是法律承认的权威机构，负责发放和管理电子证书，使网上交易各方能够互相确认身份。电子证书是一个包含证书持有人的个人信息、公开密钥、证书序号、有效期和发证单位电子签名等内容的数字文件。

4. 物流配送中心

物流配送中心按照商家要求，组织运送商品，跟踪商品流向，将商品送到消费者手中。

5. 网上银行

网上银行可在网上实现买卖双方结算等传统银行业务，为商务交易中的消费者和商家提供全天候实时服务。

6. 商务活动管理机构

商务活动管理机构包括市场监督、税务、海关等管理部门。

二、电子商务的主要模式

（一）根据交易对象划分

根据交易对象，电子商务模式可划分为八大类。

1. B2C 模式

B2C 模式基本等同于电子零售商业。目前，Internet 上已遍布各种类型的商业中心，它们为用户提供各种商品和服务。例如，当当、亚马逊、京东等均是知名的 B2C 电子商务企业。

2. B2B 模式

B2B 模式是指商业机构（企业）使用 Internet 或各种商务网络，完成向供应商（企业）订货、付款等交易环节。例如，阿里巴巴、环球资讯、中国化工等均是典型的提供 B2B 电子商务服务的网络企业。

3. C2C 模式

C2C 模式是指网络服务提供商利用计算机和网络技术，提供有偿或无偿使用的电子商务平台和交易程序，允许交易双方（主要为个人用户）在其平台上独立开展以竞价、议价为主的在线交易模式。目前，淘宝网、拍拍网和易趣网等均是具有影响力的 C2C 电子商务平台。

4. C2B 模式

C2B（consumer to business，消费者对企业）模式是消费者与企业之间的电子商务交易模式。先有消费者需求再有企业生产，消费者根据自身需求定制产品与价格，或主动参与产品的设计、生产和定价；生产企业通过产品、价格等彰显消费者的个性化需求，进行定制化生产。C2B 以用户为中心，极大地提升了用户在整个交易流程的自主权。目前比较流行的众筹模式可以被看成 C2B 的一种重要实现形式。

5. M2C 模式

M2C（manufacturer to consumer，生产厂家对消费者）模式是指厂家或农场直接面向消费者，使产品可以直接从生产线送到消费者手中，为消费者提供最具性价比的产品，实现产品价值最大化。M2C 模式的优势在于具备强有力的线下产业支撑、有效的全程品控和快速的市场反应。

6. B2G 模式

B2G（business to government，企业对政府机构）模式可以覆盖企业与政府组织间的许多事务，如目前我国不少地方政府已经推行的网上采购等。

7. C2G 模式

C2G（consumer to government，消费者对政府机构）模式又称电子政务模式。政府机构为提高工作效率和服务质量，会逐渐效仿电子商务服务模式，在网上进行个人纳税、社会福利支付、保险支付等。

8. O2O 模式

O2O 模式是将线下商务的机会与互联网结合在一起，让互联网成为线下交易的前台的一种商务模式。它瞄准的是无法搬到网上的实际体验和服务，让互联网成为用户享受这些体验和服务的前站。用户首先在网上查找信息、对比服务和价格、选择合适的商家、下载优惠券、签下订单，然后到实体店中消费体验。

携程、途牛等旅行服务网最早产生了 O2O 模式。当前的 O2O 模式已渗透到用餐、家政、教育、出行等生活的方方面面。团购是 O2O 模式的显著应用形式，如美团、饿了么等是此模式的代表。

（二）根据交易维度划分

根据交易维度，电子商务模式可划分为平台电子商务、综合电子商务和垂直电子商务。

1. 平台电子商务

属于平台电子商务的有天猫、淘宝、拼多多。在此模式下，平台商家不直接销售商品，而是提供电子商务平台服务及营销。这种模式类似传统零售的 shopping mall（购物中心）模式。商家提供场地及其他服务，负责吸引客流，招募零售品牌进驻，以收取租金或联营方式获得收入。

2. 综合电子商务

属于综合电子商务的有京东、唯品会、1 号店等。在此模式下，平台商家自行完成商品采购、销售、物流、客户服务等功能，通过整合供应链实现价值。这种模式相当于传统零售的百货商场或超市的模式。

3. 垂直电子商务

垂直电子商务是指专注于某一行业的电子商务平台，如找钢网专注服务于钢铁供应链上下游企业。

（三）根据商业活动电子化程度划分

根据商业活动电子化程度，电子商务模式可划分为完全电子商务和不完全电子商务。

1. 完全电子商务

完全电子商务是指可以完全通过电子商务方式实现或完成整个交易过程的交易，如手机充值、游戏点卡销售等数字、虚拟商品的交易。

2. 不完全电子商务

不完全电子商务是指无法完全依靠电子商务方式实现或完成整个交易过程，需要依靠一些外部要素如运输系统等才能完成的交易。在线下单、离线消费的团购模式即属此类。

（四）根据交易商品的内容划分

根据交易商品的内容，电子商务模式可划分为实体产品电子商务和虚拟产品电子商务。

1. 实体产品电子商务

实体产品电子商务又称间接电子商务,这种电子商务涉及的商品是实体产品(或称有形货物),如鲜花、书籍、食品等,交易的商品需要通过传统渠道(如邮政或商业快递)完成送货。

2. 虚拟产品电子商务

虚拟产品电子商务又称直接电子商务,这种电子商务涉及的商品是虚拟产品(或称无形货物或服务),如计算机软件、信息咨询、手机充值服务等。这种电子商务能使双方超越地理界限直接进行交易。以销售数字化的电话卡、邮箱卡、读书卡、网络游戏虚拟点数卡为主要业务内容的云网,就是这种业态的典型代表。

(五)根据电子商务卖家锁定的目标消费群体所在区域划分

根据电子商务卖家锁定的目标消费群体所在区域,电子商务模式可划分为内贸电子商务和外贸电子商务。

1. 内贸电子商务

内贸电子商务是指针对国内消费群体所开展的电子商务活动,如阿里巴巴国内站(B2B)、京东商城(B2C)、淘宝网(C2C)等。

2. 外贸电子商务

外贸电子商务包括针对国外消费群体所开展的出口电子商务和针对国内消费群体的进口电子商务两类。出口电子商务如阿里巴巴国际站(B2B)、环境资源网(B2B)、慧聪网(B2B)、中国制作网(B2B)、兰亭集势(B2C)、WISH、速卖通、亚马逊出口等。进口电子商务包括天猫国际、网易考拉、京东国际、洋码头等。

(六)根据电子商务用户使用终端的特点划分

根据电子商务用户使用终端的特点,电子商务模式可划分为传统电子商务(以下简称传统电商)和移动电商。移动电商是电子商务的扩展与延伸,是电子商务未来的发展趋势。

1. 传统电商

传统电商是指以计算机(台式计算机、笔记本计算机)为终端,依托互联网平台开展的电子商务。这是目前普遍采用且日益成熟的电子商务模式。

2. 移动电商

移动电商是指通过手机、PDA 等小型、可移动的"口袋式"终端开展的 B2B、B2C 或 C2C 的电子商务。移动终端既是一个移动通信工具，又是一个移动的 POS（point of sales，销售终端）机和银行 ATM（automated teller machine，自动柜员机）。移动电商用户可在任何时间、任何地点开展电子商务，如交易、支付、购物、娱乐等。

随着电子商务的日新月异，电子商务模式也在不断创新和发展。商务模式没有好坏之分，只有合适与否。只要能够降低成本、提高效率，带来更多的社会价值、商业价值，就是好的商业模式，就是有生命力的商业模式。

微课 1-1　电子商务的分类

技能训练 1-1　本地区电子商务发展状况调研

登录阿里巴巴中国站或慧聪网，调查你家乡所在地区的企业的电子商务发展状况，对调查结果进行必要的对比分析和判断，将调研结果填入表 1-1 中。

表 1-1　地区企业电子商务发展状况对比分析表

调查范围	注册会员		付费会员		
	数量/个	占全国百分比/%	数量/个	占全国百分比/%	转化率/%
全国					
本省					
本市					
所在地区					
调研结论					

本 章 小 结

互联网是人类有史以来的一项伟大发明，互联网的商业应用成为人类文明史上的又一件激动人心的事件。我们离随时、随地、方便、快捷地满足地球村上每位居民的个性化需求的梦想不再遥远。通过本章的学习，可以得出以下两个基本结论。

1）电子商务在我国的基础条件和外部环境已经成熟。从电子商务所必需的硬件与网络来看，计算机已经成为现代家庭的必备消费品，互联网甚至普及到了偏远的乡村。随着快递行业的迅猛发展，电子商务物流已经初具规模。第三方支付工具的不断完善，网上银行业务日趋成熟，使电子支付发展的瓶颈基本消除。更为重要的是，网络消费群体已然形成：80 后、90 后等群体已成为电子商务消费的主要群体。在企业应用层面，电子商务已经得到了以制造类企业为代表的各行各业的高度认同与积极推动；资产泡沫加大了传统渠道的成本，促使制造业在电子商务及新兴渠道领域寻找现在生存与未来发展的新机遇。所有这些都为以电子商务为代表的新兴渠道的发展奠定了良好的物质基础和客观条件。

2）电子商务在今天已成为商务活动不可或缺的重要组成部分。经过 10 余年的飞速发展，电子商务的应用已成气候。当然，与传统商务相比，电子商务在相当长的时期内仍需不断地发展和完善。电子商务已经成为现代商务不可或缺的重要组成部分，但这并不意味着传统商务的消亡，而是对传统商务的重新改造与融合。电子商务的潮流势不可当，但它的发展未必一帆风顺。作为电子商务专业人员，应审时度势、顺势而为，逐渐培养个人良好的专业品质与职业素养，具体如下：①与时俱进，不断更新自己的知识构成与能力，懂得利用互联网获取新知识、新技能；②善于借力，借助政府、社会、行业、企业等各方的积极力量，获得发展空间；③遵纪守法，明白互联网不是法外之地，了解新事物的法律边界，在与时俱进的同时，对传销与微商的区别有清醒认识，不触及法律底线；④恪守职业道德，尊重个人隐私，合规获取数据。

同 步 训 练

一、单选题

1. （   ）属于垂直 B2B 电子商务。

    A．阿里巴巴　　　　　B．京东　　　　　C．找钢网　　　　　D．当当网

2. 很多电子商务企业为了满足不同消费者的个性化需求，纷纷出台定制化服务。消费者可根据自己的喜好对商家提出要求，然后由商家去完成。这种模式可以归属于（   ）模式。

    A．B2C　　　　　　　B．C2C　　　　　　C．C2B　　　　　　D．B2B

3. 电子商务的发展历程大致可分为萌芽期、雏形期、回暖期、奔跑期与融合期，其中回暖期以（   ）年淘宝网成立为标志。

    A．2010　　　　　　　B．2005　　　　　　C．2003　　　　　　D．1996

4. 随着电子商务的发展，电子商务出现了多种模式，其中 B2B 模式指（   ）。

    A．企业与个人　　　　　　　　　　B．企业与企业

    C．个人与个人　　　　　　　　　　D．政府与企业

5. （   ）属于垂直 B2B 电子商务平台。

    A．找钢网　　　　　　　　　　　　B．中国制造网

    C．环球资源网　　　　　　　　　　D．阿里巴巴 1688 批发网

6.电子商务应用领域很多，应用于国际贸易行业的被称为（　　）。

　　A.跨境电商　　　　　B.大数据　　　　C.农村电商　　　　D.移动电商

二、多选题

1.电子商务是一种新型商业运作模式，它使（　　）融为一体。

　　A.物流　　　　　　　B.信息流　　　　C.资金流　　　　D.商流

2.与传统商务相比，电子商务的特征包括（　　）。

　　A.交易快捷化　　　　　　　　　B.交易虚拟化

　　C.交易成本高　　　　　　　　　D.交易连续化

三、思考题

电子商务作为新兴行业自 1999 年在中国萌芽，已进入深度融合阶段。试盘点近年来京东、天猫分别做出的改变，并思考这些改变对未来电子商务发展的影响。

第二章
电子商务市场分析

知识目标

1. 理解新零售的概念，熟悉新零售的网络平台。
2. 理解网络零售市场的概念、B2B 的概念及发展趋势和 O2O 的优势。
3. 了解 B2B 电子商务市场的发展现状、发展趋势及 B2B 电子商务典型网站。
4. 掌握 O2O 电子商务模式的优势及 O2O 电子商务典型网站。

能力目标

1. 能够简单分析各网络零售平台与 B2B 电子商务平台的运营模式。
2. 能够分析时下的新零售平台并掌握消费者购物流程。
3. 能够简单分析 O2O 模式的运营模式。
4. 能够根据网络零售三要素对某一零售企业的市场做出正确评估。

素质目标

1. 具有提出问题、分析问题、解决问题的能力。
2. 具有独立思考分析能力，形成用数据来分析问题、解决问题的意识。

思政目标

1. 具备法律意识，具备用现行法律判断新出现的行业、事物的合法性与可行性的意识，掌握从业的边界。
2. 自信自立，在高度全球化的电子商务市场中，坚持从我国基本国情出发，在了解我国电子商务整体发展水平和市场优势的基础上，学习思考适合我国国情的电子商务新模式、新方向、新应用。

■ ■■ 引言 ■■■■■

从传统电商经营模式看，电子商务按交易对象可分为 B2B、B2C、C2C、B2G、C2G、M2C 等主要模式，前 3 种是电子商务的主要形式，也是发展最完善、影响最大的模式。人们习惯上将电子商务分为包含 B2C 和 C2C 的网络零售市场，以及 B2B 的网络批发市场：前者主要服务于个人消费者，后者主要服务于企业及组织用户。在移动网络与设备不断发展、互联网思维及新的营销理念不断拓展的背景下，C2B、M2C 等由消费者驱动的新型电子商务模式从传统的电子商务模式中演变发展成熟，而基于本地服务的 O2O 模式与新零售模式将成为今后一段时期里最为重要的电子商务模式。

第二章 引导案例

第一节 网络零售市场分析

一、网络零售市场概述

（一）网络零售市场的概念

网络零售（online retail）是指交易双方以互联网为媒介进行的商品交易活动，即通过互联网进行信息的组织和传递，实现有形商品和无形商品所有权的转移或服务的消费。买卖双方通过电子商务（线上）应用实现交易信息的查询（信息流）、交易（资金流）和交付（物流）等行为。网络零售也称网络购物，包括 B2C 和 C2C 两种形式，随着平台经济的不断发展与互联网技术的成熟，B2C 与 C2C 两种形式之间的差异日益减少。

（二）网络零售的优缺点

1. 网络零售的优点

近年来，随着信息技术的突飞猛进，计算机、智能手机等终端设备的普及，互联网尤其是移动互联网的快速发展，以及人民生活消费水平的不断提高，电子商务网络零售的优势不断凸显，获得爆炸式增长，不断颠覆传统零售形式。与传统零售模式相比，网络零售的优势突出表现在以下 4 个方面。

（1）减少流通环节，优化资源配置

传统零售流通环节过多，降低了流通效率，提高了消费成本；而网络零售可以削减一切不必要的流通环节，从而大大提高流通效率、减少流通成本。

同时，传统零售主要基于"推"式生产，而网络零售则因其信息传递的低成本和高效率及大数据的开发应用而向"拉"式生产模式转变，大大增强了产品的时效性，提高了消费者的满意度。

（2）突破信息和地域障碍，拓展需求的多样性

在传统零售业态下，商家与消费者之间隔着巨大的信息障碍和空间距离；而网络零售突破了两者的限制，同时扩展了商家提供商品和服务及消费者接受商品和服务的范围，能更好地满足消费者的需求。

（3）突破时间限制，降低交易成本

网络零售不但降低了消费者的搜寻成本，而且不受时间限制，为消费者带来极大的便利，大大减少了交易成本。

（4）突破传统的货架限制，产生长尾效应

传统零售基于店铺的空间限制，以畅销品为商家布货的重点；而在网络零售形态下，店铺的无限延展性和极低的搜寻成本使消费者对小众产品的需求得到进一步挖掘，由此也使长尾理论变成现实。

2. 网络零售的缺点

（1）商品体验较差

网络零售缺乏将实物商品呈现给消费者的真实接触途径，几乎都是凭消费者的视觉感知，无法像传统商业那样实现消费者的"视觉、听觉、触觉、嗅觉、味觉"的全面感受，这在非标品、生鲜产品等领域表现得尤为明显，如水果，无法通过触觉、嗅觉、味觉等多种感受作出更全面的判断，与传统零售相比体验感较差。

（2）拉新成本过高

网络零售网站的流量瓶颈期到来，使拉新成本（即拉到新客户的成本）不断提高，尤其是对新店而言，要想从数百万家店铺中脱颖而出，必须不断增加拉新成本。拼多多等社交拉新模式逐渐出现流量萎缩。

（3）客户响应不迅速

大部分电子商务追求极速的客户响应，即使响应延迟几秒，也可能导致大量潜在客户流失。例如，某些"淘品牌"采用人工客服每天24小时轮班，即使到了凌晨，也会对客户的咨询在第一时间做出回应，而这正是大部分缺乏资金和人员的电子商务创业者无法做到的。

微课 2-1 网络零售基础

二、网络零售市场的新趋势——新零售

（一）新零售的概念

中国网络购物市场的快速发展冲击了超市、百货商场、大卖场等线下渠道。在此背景下，线下企业纷纷将互联网作为企业的战略发展方向，探索转型之路。在线下企业探索线上业务的同时，阿里巴巴、京东等电子商务巨头也开始布局线下。未来，线下零售与线上零售将深度结合，加上现代物流及大数据、云计算等创新技术，构成未来新零售的概念。新零售核心组成要素如图2-1所示。

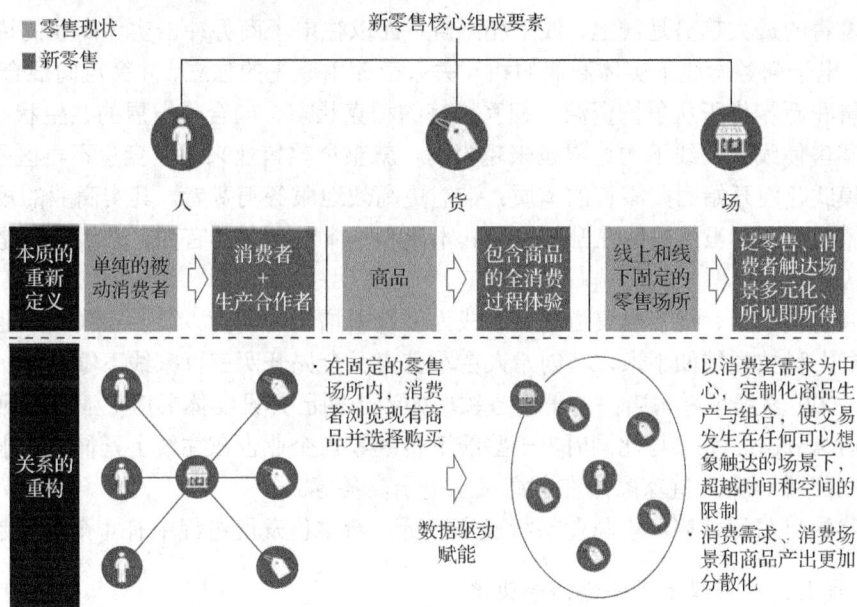

图 2-1 新零售核心组成要素

在"新零售"概念提出不久后，阿里巴巴收购了连锁超市——三江购物，不断强化线下零售业务，并布局新零售。盒马鲜生是阿里巴巴对线下超市完全重构的新零售业态。盒马鲜生是超市、餐饮店，也是菜市场。消费者可到店购买商品，也可在盒马鲜生 App 中下单购买商品。盒马鲜生最大的特点之一就是快速配送：门店附近3千米范

围内，30 分钟送货上门。京东则通过入股永辉超市、同沃尔玛深度合作，以及开设京东线下便利店等方式进行全渠道布局。

新零售对行业的影响极为深远，它一方面改变了消费者的习惯，另一方面引导商业层面创新、重塑商业格局。线上、线下和跨界等企业都在积极参与新零售模式的探索。

新零售模式下的消费者购物是一种无缝全渠道的体验。消费者可能在任一媒介上看到自己感兴趣的商品广告，紧接着去电子商务网站搜寻相关商品，并到线下店进行体验等。如果线下店缺货，则店员将以最快的速度发出调货指令，利用现代化的仓储物流体系在短时间内将消费者购买的商品递送到家。如果整个消费流程令消费者满意，那么消费者可能会将这种商品购物体验分享至社交平台，从而影响其周围人的购买决策。这意味着电子商务行业未来发展的渠道将越来越弱，更加回归零售本质，通过线上、线下一体化服务及大数据提高精准推荐和配送效率，提升用户消费体验，留存并获取新的用户。

微课 2-2　网络零售三要素

（二）新零售发展的趋势

新零售的最大趋势是线上、线下相结合，而以往电子商务冲击实体商业的说法也将被否定。电子商务同线下实体商业的相互关系应该由原先的独立、冲突走向混合、融合，传统零售和新零售正从争抢资源、相互排挤的相克状态，向合作发展的共生状态转变。

新零售使线上、线下的边界越来越模糊。就整个零售业来说，竞争不再区别线上、线下的模式，而开始回归零售的本质：谁能更高效地服务消费者。其实商业的规律很简单，就零售而言，虽然消费在升级，但其本质和基本法则并没有变，升级的只是各种形式和手段。

新零售使线上、线下全渠道的融合成为创造新增长的动力。很多互联网企业开始向线下布局，科技领域如小米，其创始人雷军曾表示会先开两三百家线下零售店，未来再争取开 1000 家线下零售店；电子商务领域如当当网已开设实体书店，亚马逊则推出线下便利店 Amazon Go。与此同时，一些线下传统零售企业也在往线上延伸，如永辉超市联合京东部署 O2O，宜家家居在上海试水电子商务等。

从我国目前的零售环境与业态状况来分析，新零售发展进程中有 4 个主要趋势。

1. 线上、线下趋于统一化、专业化

其实，消费者最初选择电子商务消费的主要原因是零售店的体验不好，并且价格昂贵。随着线上、线下及物流的融合，未来零售店或许将在统一价格、质量、体验等方面为消费者提供专业的服务和产品。随着社区消费趋势的拓展，社区化将成为零售业未来发展的重要方向。

2. 体验式消费、个性化服务融入消费者的生活

随着消费者消费需求差异的日趋明显，具有个性化、创新性的消费模式将会更受欢迎。随着消费体验的优化，消费者的购买愿望更强烈，从而使企业也能从中受益。

3. 企业经营更加智能化、科技化

随着线上、线下的结合，需求及生产供给信息的相互融合，从生产到消费可以运用大数据等科学技术来进行预测，从而控制产能，全面消灭企业库存，提高效益。

（三）新零售典型业态

零售巨头的一次次线下试水，预示着新零售时代的到来。商业巨头推出新零售业态的典型例子如下。

1. 阿里巴巴的盒马鲜生

盒马鲜生的主要特点是：①紧抓 80 后、90 后的消费群体，准确定位他们的消费观念，设计新的消费价值观；②采用"所想即所得"的价值口号，利用强大的物流系统便利消费者，满足消费者不同场景下的需求，并利用线上强大的渠道，解决稀有商品的消费需求难题；③设置大量的主题分享、DIY（do it yourself，自己动手制作）、交流会等，增加消费者的黏性；④注重通过线下的体验消费来扩大线上消费。

2. 京东的京选空间

京选空间的主要特点是：①让客户在线下体验商品，扫码进入京东商城购买，线下不支持自提；②最大的意义在于展示商品，让客户能直接地感受商品。

3. 亚马逊的线下便利店 Amazon Go

Amazon Go 的主要特点是：①该便利店为全智能化售卖，全程没有收银员；②客户进店前打开 Amazon Go App 扫码进入超市，选购完商品离开超市后，用 App 支付即可；③克服了传统超市需要等候付钱的弊端；④具备线下快速提货和线上快速支付的优势。

三、网络零售市场典型网站介绍

（一）从 C2C 平台到阿里系生活消费娱乐生态圈——淘宝网

淘宝网在我国是深受欢迎的网购零售平台、商圈，由阿里巴巴集团在 2003 年 5 月创立。截至 2021 年底，淘宝网在网络零售市场占 51% 的市场份额，依然是份额最大的网络零售平台。

随着淘宝网规模的扩大和用户数量的增加，淘宝网也从单一的 C2C 网络集市变成了包括 C2C、团购、分销、拍卖等多种电子商务模式的综合性零售商圈。淘宝网的未来三大战略方向为社区化、内容化和本地生活化。

（二）从 3C 类垂直电子商务到 B2C 网购综合平台 —— 京东商城

京东集团是我国最大的自营式电子商务企业。目前，京东集团旗下设有京东商城、京东金融、拍拍网、京东智能、O2O 及海外事业部。2014 年 5 月，京东在美国纳斯达克证券交易所正式挂牌上市，是中国第一个成功赴美上市的大型综合类电子商务平台，与阿里巴巴、腾讯、百度等中国互联网巨头共同跻身世界十大互联网公司排行榜。

京东商城从最初在线销售计算机、手机及其他数码产品的 3C 类垂直电子商务网站，发展为销售 3C 数码产品、家电、汽车配件、服装与鞋类、奢侈品、家居与家庭用品、化妆品与其他个人护理用品、食品与营养品、书籍与其他媒体产品、母婴用品与玩具、体育与健身器材及虚拟商品等共 13 大类 3150 万种 SKU（stock keeping unit，库存量单位）商品的网购综合平台。

第二节　B2B 电子商务市场分析

一、B2B 电子商务市场概述

（一）B2B 的概念

B2B 是指企业与企业之间通过互联网进行产品、服务及信息的交换。B2B 电子商务平台一般以信息发布与撮合为主，主要是在商家之间建立贸易的桥梁。通过 B2B 交易方式，买卖双方能够在网上完成整个业务流程，从建立最初印象到货比三家，再到讨价还价、签单和交货，最后到客户服务，B2B 电子商务可使企业之间的交易减少许多事务性的工作流程和管理费用，达到降低企业经营成本的目的。

（二）B2B 电子商务的发展历程

以 1999 年阿里巴巴成立为标志，我国 B2B 电子商务已有 20 多年的发展历史。B2B 电子商务从 1.0 阶段的撮合交易发展到 2.0 阶段的在线交易，再到 3.0 阶段以大数据为核心的全产业链服务，如图 2-2 所示。作为行业的中间交易平台，B2B 电子商务承担着撮合上下游交易的重任，可以有效减少交易环节、缩减产业链条、提升流通效率。

2017年至今
3.0阶段（以大数据为核心的全产业链服务）
云计算、大数据的发展，促使B2B电子商务企业打通供应链，为供需方提供仓储、金融信贷等一体化综合服务。

2003～2016年
2.0阶段（在线交易）
B2B电子商务多元化运营态势初显，企业通过系统进行供需信息匹配和在线交易。

1999～2002年
1.0阶段（撮合交易）
聚焦于信息展示，将线下信息转移到互联网上。

图2-2 我国B2B电子商务的发展历程示意图

（三）B2B电子商务市场的发展现状

B2B电子商务是我国电子商务市场中发展最早、占比最大的一个领域。近年来，我国B2B电子商务交易规模稳步增长，2020年，我国B2B电子商务市场交易规模达到31.19万亿元。

随着我国产业互联网稳步增长，企业采购成为B2B电子商务行业市场的重要方面。据统计，2020年我国企业采购电子商务市场规模达11 550亿元，较2019年的7300亿元同比增长58.21%，超过四成企业采用线上与线下相结合的双线采购方式，如图2-3所示。

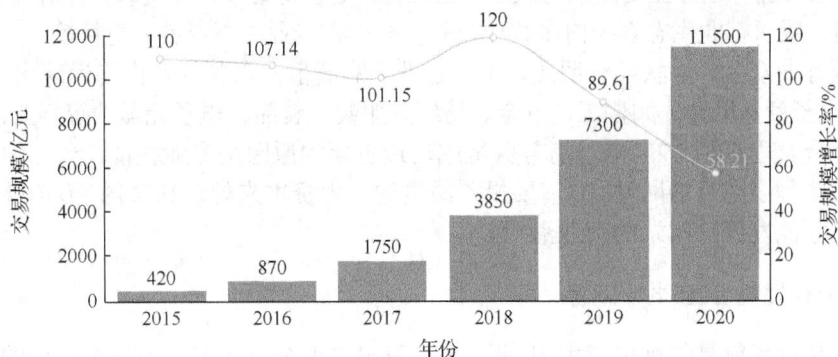

图2-3 企业采购电子商务行业交易规模及其增长率数据图

从市场份额上来看，阿里巴巴多年来一直在B2B电子商务市场占据绝对优势。但是随着B2B电子商务市场其他创新模式、服务模式的出现，阿里巴巴等主要运营商的市场份额呈现下降的态势，行业竞争日趋激烈。

二、B2B 电子商务的主要类型

B2B 电子商务根据其涉及的业务范围,大体上可以分为综合型 B2B 电子商务、垂直型 B2B 电子商务、外贸型 B2B 电子商务 3 种类型。

(一)综合型 B2B 电子商务

综合型 B2B 电子商务可以将买方和卖方集中到一个市场上进行信息交流、广告发布、拍卖竞标、交易、库存管理等,如阿里巴巴、慧聪网、环球资源网等都属于综合型 B2B 电子商务企业。之所以采用"综合"这一概念,是因为这种网站涉及的行业范围广,可以让多个行业在同一个网站上进行贸易活动。

综合型 B2B 电子商务以中小企业为主要服务对象,为其提供商业信息的发布和收集、企业产品的推广、在线洽谈和交易等各类电子商务服务,是中小企业网络营销的主要渠道。通过综合型 B2B 电子商务平台的商业聚集效应,让参与企业能够获得更多的浏览量,帮助企业快速成长、树立品牌、获取订单。

(二)垂直型 B2B 电子商务

垂直型 B2B 电子商务网站专门服务于一个特定的行业或特定的专业领域,如中国化工网、我的钢铁网等。垂直型 B2B 电子商务可以分为两个方向,即上游和下游。生产商或商业零售商可以与上游的供应商形成供货关系,如 Dell 公司与上游的芯片和主板制造商之间的合作与交易;生产商可以与下游的经销商形成销货关系,如海尔公司与其分销商之间的合作与交易。垂直型 B2B 电子商务定位在某个行业内的企业之间电子商务的网站,通常拥有该行业资源的背景,专业性强,更容易集中行业资源,针对一个行业做深、做透,吸引行业生态系统内多数成员的参与,在专业上更权威、更精确。

我国行业众多,块状经济明显,中小企业分布离散,在各行业内均涌现出一批知名的 B2B 电子商务平台,如化工、五金、纺织、服装、食品、电子元器件等行业,均有一批龙头平台。垂直型 B2B 电子商务获得成功最重要的原因是专业技能。

专业化程度越高的网站,越需要投入昂贵的人力资本来处理狭窄的、专门性的业务,只有这样才能发挥该网站的商业潜能。

(三)外贸型 B2B 电子商务

我国是世界贸易的进出口大国。近年来,我国中小企业逐渐成为外贸出口的主力军。但是在电子商务应用方面,各中小企业势单力薄、单打独斗,获得的成果有限。外贸型 B2B 电子商务平台能整合中小企业的优势资源,提供各类别的外贸出口商品、企业的信息,同海外采购商直接进行洽谈、交易,减少了中间环节,降低了交易成本。例如,敦煌网、速卖通就属于这种类型。

随着国家政策对跨境电商支持力度的不断加大,跨境电商成为外贸的强劲增长点。目前 B2B 电子商务是跨境电商的主体,其主体地位将不断强化。在跨境出口 B2B 电子商务市场中，生态型平台实现了资源整合共享、产业业态的融合与繁荣，其未来规模成长性较高。同时，布局去中心化渠道的生态型平台更能享受到社交化营销红利。

三、B2B 电子商务市场的发展趋势

B2B 电子商务市场不仅建立了一个网上买卖者群体，还为企业之间的战略合作提供了基础。任何一家企业，无论具有多强的技术实力或多好的经营战略，要想单独实现 B2B 电子商务，都是很困难的。单打独斗的时代已经过去，企业之间建立合作联盟逐渐成为发展趋势。从长远来看，B2B 4.0 即线上线下协同+SaaS[①]服务+供应链金融将是大势所趋。在 4.0 时代，将会实现线上线下一体化，打通金融供应链，实现产业协同，提升 SaaS 服务水平，降低成本输出，从而提升经济效益。

在国际化方面，在"一带一路"倡议的推动下，我国作为生产大国，其 B2B 电子商务服务将呈现国际化态势。随着国际化进程的推进，B2B 电子商务市场规模将得到进一步扩展。

在信息咨询方面，在互联网与大数据的驱动下，整体 B2B 电子商务发展有了质的飞跃。第三方咨询服务企业的兴起，让供需方对市场的未来发展趋势有了更明晰的判断，便于双方站在更高的视角对市场做出判断，提高生产与需求间的转化率。

在人才技术方面，在国家教育强国的政策背景下，B2B 电子商务上下游人才增多，使得 B2B 电子商务在整体的交易活动方面更加效率化。人力资源的提升促使云计算、大数据等高新技术得到普遍应用，为整体 B2B 电子商务的资源整合起到重要的辅助作用。

B2B 电子商务以供求信息服务和交易撮合为基本服务内容，正向整合产品、金融、物流、仓储、加工等供应链资源，向上下游方向演进。B2B 平台通过与银行及互联网金融机构合作，基于上下游客户交易数据、历史履约记录、物流、下游订单、库存等信息，为产业链提供金融服务。同时，依托资金撬动在线交易，带动 B2B 订单和物流数据的在线化，构建供应链数字化运行模式，积极推动上下游企业数字化变革。

四、B2B 电子商务典型网站介绍

（一）阿里巴巴

1. 公司简介

阿里巴巴创立于 1999 年，是一家全球领先的电子商务公司，其业务包括 B2B 贸易、网上零售、购物搜索引擎、第三方支付和云计算服务。

2. B2B 业务结构

（1）B2B 中国事业部
B2B 中国事业部致力于在小企业提升资讯科技的过程中，给予其硬件、软件、互联

---

① SaaS（software-as-a-service，软件即服务）即通过网络提供软件服务。

网基础服务和资讯科技维护方面的支援。它目前采用 SaaS 的模式，向客户提供既经济又方便易用的网上企业和财务管理工具，并且通过 2009 年收购的中国万网为大众提供互联网基础服务。

（2）B2B 国际事业部

阿里巴巴拥有广泛的全球业务，为从事出口贸易的小企业提供所需的科技和服务，帮助其有效打入国际市场。B2B 国际事业部除了提供一个专为出入口商而设的全球贸易平台，还经营网上批发平台全球速卖通，以帮助规模较小、需要小批量货物快速付运的买家。

（二）慧聪网

1. 公司简介

慧聪网成立于 1992 年，是国内 B2B 电子商务服务提供商。2012 年，慧聪国际在香港创业板上市，为国内信息服务业及 B2B 电子商务服务业首家上市公司。凭借产业用户沉淀和数据积累，慧聪网业务覆盖 72 个行业，累计注册用户超 2700 万，通过产业互联网工具输出连接服务，支撑生意场景，成为 B 端企业信息及资源平台。

2. 业务结构

慧聪网扎根垂直行业，力图完成服务在线化、营销精准化、供应链数字化、生产智能化、需求定制化的产业互联网生态服务。它在前端构建产业数据链及业务场景，在后端提供金融、数据营销、SaaS 等支撑性服务，构建产业互联网生态服务闭环，为中小企业赋能，推动企业转型升级。慧聪网的产品服务包括以下几种。

（1）慧生意

慧生意是慧聪网为企业用户提供在网上做生意、结商友服务的工作台。企业可以通过慧生意建立集合产品展示、企业推广、在线洽谈、身份认证等多种功能的网络商铺。

（2）互通宝

互通宝为 P4P[①]营销工作台，方便广告主自主实现多平台多维度目标关键字设置、多渠道商品信息展示，操作简单，付费形式灵活。

（3）慧采购

慧采购是慧聪网和腾讯联手，为中小企业提供精准流量，为买家寻找货源，推动买卖双方做成生意的 B2B 电子商务平台。

（4）慧精彩

慧精彩是慧聪网与百度爱采购联手，依据中小企业的特点，推出的集"建站、认证、引流、品宣、撮合"于一身的一站式网络营销产品。

---

① P4P（proactive network provider participation for P2P）是 P2P 技术的升级版，意在加强服务供应商与客户端程序的通信，降低骨干网络传输压力和运营成本，并提高改良的 P2P 文件传输的性能。

（5）慧优采

慧优采是 B2B 电子商务信息聚合平台，它聚合慧聪网商机及 360 搜索引擎的精准 B2B 电子商务垂直流量，旨在为用户提供快速搜寻全网商品的方法，匹配买卖双方的真实需求。

（6）慧企通

慧企通是针对 B2B 电子商务垂直人群，寻找商机的实时沟通工具，具有群商机线索获取、24 小时店铺值守、好友克隆、一键同步 QQ 好友等功能。

（7）买卖通

"南阿里，北慧聪"，即阿里巴巴有诚信通，慧聪网有买卖通。买卖通的买家总量超过 800 万，日新增采购商机 5000 多条。买卖通会员不仅可以通过商务中心来查询符合自己需要的采购信息，亲自订阅采购商机，还可以通过专门在线洽谈会、即时通信工具来获得第一手的采购信息。企业可以通过买卖通建立集合产品展示、企业推广、在线洽谈、身份认证等多种功能的网络商铺。

（三）我的钢铁网

我的钢铁网是上海钢联电子商务股份有限公司（以下简称"上海钢联"）旗下运营的网站，除我的钢铁网外，上海钢联还运营我的不锈网、我的有色网、大宗商品网、搜搜钢网四大网站，为客户提供商业信息、宣传推广、研究咨询、会务培训等全方位服务。我的钢铁网发布的钢材综合指数（MySpic）和矿石综合指数（MyIpic）已成为国际国内贸易的重要参考工具。

微课 2-3　B2B 认知

技能训练 2-1　B2B 电子商务网站认知

搜集阿里巴巴、环球资源网、敦煌网、中国制造网、慧聪网、我的钢铁网的网站类型、服务种类、网站特色、赢利模式，将相关信息填入表 2-1 中。

表 2-1　主要网站基本情况

网站名称	网站类型	服务种类	网站特色	赢利模式
阿里巴巴				
环球资源网				
敦煌网				
中国制造网				
慧聪网				
我的钢铁网				

第三节　O2O 电子商务市场分析

一、O2O 电子商务模式简介

O2O 是近年来新兴的一种电子商务模式,它将线下商务的机会与互联网相结合,使消费者可以利用互联网来筛选服务,并且在线成交、结算,从而很快达成交易。随着新零售概念的提出,O2O 电子商务模式将会有更大的发展变化。

二、O2O 电子商务模式的优势

O2O 电子商务模式的优势主要体现在以下 5 个方面。

1)跨地域无边界。O2O 电子商务模式充分利用互联网的跨地域、无边界、海量信息、海量用户等优势,同时充分挖掘线下资源,进而促成线上用户参与线下商品与服务的交易。

2)营销效果可追踪。O2O 电子商务模式可以对商家的营销效果进行直观的统计和追踪评估。它将线上订单同线下消费相结合,使所有的消费行为均可以被准确统计,从而能为消费者提供更多优质的产品和服务。

3)线上线下整合。O2O 将线上的价格优势同线下的服务优势集于一身,将线下商务活动同互联网结合在一起,让计算机和手机成为线下交易的平台和工具。

4)在服务业中具有明显的优势。O2O 的价格便宜,购买方便,并且能让用户及时获取折扣等信息。

5)指明了电子商务的发展方向。O2O 使电子商务的发展由规模化走向多元化。移动互联网和自媒体时代的到来,为 O2O 的发展提供了绝佳的机遇。

三、O2O 电子商务典型网站——美团

1. 公司简介

大众点评网成立于 2003 年 4 月,是本地生活信息及交易平台。美团网是 2010 年 3 月成立的团购网站。2015 年 10 月,美团网与大众点评网合并成立新公司。近年来,美团不断拓展业务边界,从最初的餐饮扩张到酒店、婚庆、教育甚至出行、金融等诸多领域。此外,美团还将触角伸向了这些产业的上下游,参与行业上下游的产业互联网化,从团购到一站式生活服务平台,横向+纵向多方延伸业务。

2．业务结构

美团于 2016 年 7 月提出互联网已进入下半场，并进行架构调整，形成了餐饮平台、酒店旅游、到店综合（除餐饮和酒店外的业务）"三驾马车"的新格局。它从原来的单纯线上营销，转而帮助商家更好地解决 IT（information technology，信息技术）系统、营销管理等痛点，通过营销赋能、IT 赋能、金融赋能、经营赋能四大赋能，促进传统行业发展升级。

阅读材料 2-1

本 章 小 结

B2B、B2C、C2C 是最常见、最重要的电子商务模式。了解和掌握这三大模式的优势和特点，发现和挖掘个人或企业所需的资源，改善和提高生活与工作的效率，这是信息时代对我们提出的要求。通过本章的学习，可以得出以下两个基本结论。

1）变革与创新是电子商务的本质要求。互联网为个人和企业创造新的竞争优势带来了新的机遇，互联网有其内在的发展规律。在电子商务的征途中，只有思想者才能赢，只有创新才能发展，创新是电子商务的本质要求。守正创新，以满腔热忱对待一切新生事物，不断拓展认识的广度和深度。

在网络经济环境下，传统商务的转型对很多企业来说是前所未有的挑战，几乎没有现成经验可供借鉴，也没有固定统一的转型模式，需要人们用创造性的思维来面对电子商务。企业的电子商务总体上是沿着模仿、适应、创新的道路不断前行的。

2）传统与技术的融合必将催生新型商务模式。传统商务和电子商务各有优势，它们之间的取长补短将催生更有竞争力的商务模式。纯粹的网络企业短期内很难凸显电子商务的优势，而"鼠标+水泥"的方式却可能产生特别的生命力。例如，搜狐电子商城在北京地区的物流和支付问题就是通过与中国邮政合作解决的；传统行业中的保险公司也会因银行、信托基金公司、虚拟保险公司等新竞争者的出现而改变运营模式，优化产业价值，调整与代理商和客户的关系。

同 步 训 练

一、单选题

1．目前网络零售主要包括（　　）两种形式。
　　A．B2B 与 B2C　　　　　　　　　　B．B2G 与 B2C
　　C．B2C 与 C2C　　　　　　　　　　D．B2B 与 B2G

2．目前国内领先的 B2B 电子商务平台不包括（　　）。
　　A．阿里巴巴　　　B．慧聪网　　　C．唯品会　　　D．敦煌网

3. 线上、线下深度融合的新零售是指在未来新零售必须运用现代物流、（　　）、云计算等创新技术。

  A. 大数据   B. 固定场所 C. 直播   D. 无线网络

4. 淘宝网创办于（　　）年。

  A. 2006   B. 1999   C. 2003   D. 2001

5. 与知名 C2C 平台 eBay 相比，成立初期的淘宝网的核心优势是（　　）。

  A. 拥有全球的商户与买家资源   B. 突出免费

  C. 拥有独立的第三方支付平台   D. 更多的买家信任

6. 京东商城属于（　　）模式。

  A. 3C 垂直型 B2C 商城   B. 综合型 B2C 商城

  C. C2C 零售商城   D. 自营 B2C 商城

二、多选题

1. 新零售的发展趋势是（　　）。

  A. 线上线下趋于统一化、专业化

  B. 体验式消费者、个性化服务融入消费者的生活

  C. 零售业将面临整合重组

  D. 企业经营更加智能化、科技化

  E. 新零售将成为区别于传统零售的独立业态，与传统零售共存发展

2. 下列属于京东旗下的业务部门的是（　　）。

  A. 京东商城   B. 京东金融 C. 京东云   D. 拍拍网

3. B2B 电子商务根据涉及的业务范围大致可以分为（　　）3 种类型。

  A. 综合型 B2B 电子商务   B. 垂直型 B2B 电子商务

  C. 外贸型 B2B 电子商务   D. 自营型 B2B 电子商务

4. O2O 模式的主要优势是（　　）。

  A. 线上、线下整合   B. 营销效果可追踪

  C. 跨地域、无边界   D. 在服务业中具有明显的优势

  E. 指明了电子商务的发展方向

三、思考题

1. 结合盒马鲜生会员店的模式，简述网络零售的发展趋势。

2. 对比分析一个垂直细分 B2B 电子商务市场中的典型企业，如我的钢铁网、找钢网，分析其在经营模式、业务范围、盈利方式等方面的异同点。

第三章
电子商务典型细分领域

知识目标

1. 理解在线旅游、在线教育、网络招聘、网络婚恋交友等基本概念及外延。
2. 了解在线旅游、在线教育、网络招聘、网络婚恋交友等细分领域的发展趋势。
3. 熟悉在线旅游、在线教育、网络招聘、网络婚恋交友等细分领域的典型企业。

能力目标

1. 能够结合市场宏观环境，分析细分领域的市场机会。

2. 能够运用网络检索工具检索有用信息，并进行筛选、编辑，对某个细分领域的发展现状做出分析。

3. 能够根据不同的企业目标采集数据，对某个细分领域的发展前景做出预测判断，为企业经营提出可行性的建议或方案。

素质目标

1. 具有提出问题、分析问题、解决问题的能力。
2. 具有互联网思维和大数据意识，具备一定的前瞻意识。

思政目标

1. 具备诚信意识。
2. 恪守职业道德，在采集应用数据等环节保护客户隐私，尊重客户意愿。
3. 熟悉国家在相关行业市场中的法律法规及政策，合法合规经营。

⸗ 引言 ▬▬▬▬

　　互联网在商务活动中的应用被称为狭义电子商务。实际上，凡是涉及信息交流与传播的活动，都可以利用互联网及数字通信技术进行改善，这在广义上也可以归入电子商务的范畴。目前，电子商务已经广泛应用于旅游、教育、招聘和婚恋交友等诸多细分市场。

第三章　引导案例　　　　　　　　微课 3-1　电子商务的行业应用

第一节　在 线 旅 游

一、在线旅游的定义

　　在线旅游是指通过互联网、移动互联网及电话呼叫中心等方式，为消费者提供的旅游相关信息、产品和服务，其市场可分为在线出行、在线住宿、在线度假 3 类，如图 3-1 所示。

二、在线旅游的市场发展现状

　　1）在线出行市场中，机票、火车票是最大的两个细分市场。2021 年，在线机票、火车票、汽车票和船票的市场交易规模分别占在线出行市场交易规模的约 53%、43%、4% 及 0.2%。在新冠肺炎疫情影响下，消费者相较以往更加习惯数字化生活。出行票务预订的线上化也在此影响下有所发展。

图 3-1 在线旅游市场分类

2020 年，受新冠肺炎疫情影响，我国在线出行市场交易规模同比下滑 37.0%；在新冠肺炎疫情态势缓和、防控措施完善等因素影响下，出行市场逐渐实现部分恢复。

2）在线住宿市场缓慢恢复。随着新冠肺炎疫情态势的缓和及出游需求的逐渐恢复，2021 年，在线住宿市场交易规模实现 35.6% 的同比增长。酒店经营者相较以往更加注重对用户流量的掌控，因此在线住宿市场中会员体系完善的酒店集团更有优势，而以单体形式发展的酒店则可依赖在线旅游平台的会员联盟实现一定程度上的用户流量掌控。

3）在线旅游度假市场受到巨大影响。在线旅游度假是指通过互联网及电话呼叫中心等方式，为消费者提供旅游度假组合产品、单品门票及其他旅游出行相关产品和服务的行业。新冠肺炎疫情对在线旅游度假市场产生巨大影响，2020 年在线旅游度假市场交易规模同比下滑 79.8%，是在线旅游市场中下滑最显著的细分版块。

目前在线旅游度假市场中的在线出境游版块基本停滞，在线国内游版块也因受到国内新冠肺炎疫情零星散发等影响而恢复缓慢，在国外新冠肺炎疫情形势严峻的环境下，出境游难度较大，因此消费者逐渐将出境游需求释放至国内游市场。但与此同时，国内在线长线游时常受到新冠肺炎疫情零星散发等影响。在此情况下，消费者在一定程度上不得不选择周边游来满足旅游需求。除此之外，随着居民生活水平的提高，旅游消费需求相较以往呈现更加多元化的趋势，周末出游等"微度假"的旅游方式越来越受到消费者的欢迎。因此，在以上双重因素影响下，消费者的度假选择逐渐本地化、周边化。

三、我国在线旅游发展趋势

1. 旅游度假细分品类增多，群体选择指向性明显

近年来，我国在线旅游度假市场显现出细分品类逐渐增多的趋势，主要原因在于：①相较于以前，消费者对旅游品质的要求更高，因此将某个度假产品独立出来能够给予消费者更专业的服务；②细分产品独立发展将有利于产品供应链的清晰和专业化人才的培养，从而带动度假市场的健康发展，我国在线旅游市场细分品类及其发展原因如表3-1所示。

表 3-1　我国在线旅游市场细分品类及其发展原因

细分品类		发展原因
家庭度假	爸妈游	随着居民生活水平的提高，作为消费市场中坚力量的中产阶级越来越注重家庭出游，包括为求放心为父母报团旅游时选择的爸妈游，以及为与孩子培养感情时选择的亲子游。除此之外，还有为孩子考察教育环境和教育水平时选择的游学旅行等
	亲子游	
	游学教育	
定制旅游	定制自由行	我国旅游市场上，最初的跟团游中慢慢衍生出自助游，而随着经济的发展，消费者对个性化的要求越来越高，对有价值且满足自身需求的信息量也越大。定制师在一定程度上可以向消费者提供信息收集、线路制定、个性化匹配等多种服务
	定制小包团	
邮轮旅游	出境邮轮	2006年，歌诗达邮轮公司进入我国，标志着我国邮轮旅游市场开始发展。随着各家邮轮公司及在线旅行社等在市场中的深耕，越来越多的消费者开始了解并尝试邮轮旅游产品，"邮轮即是目的地"的消费观念也逐渐普及
	长江游轮	

2. 移动互联网推动当地玩乐版块崛起

随着4G的普及和5G的开发，移动互联网技术进一步发展。与此同时，"边玩边订"的旅行方式也进一步带动当地游的快速升温。消费者到达目的地再选择并确定"吃、住、行"等相关步骤，将更多的时间花费在游玩本身而不是大量查询攻略上。通过移动端，人们可以实现餐饮预订、攻略匹配、地图查询、门票购买等多项即时操作，可以在一个游玩项目结束后根据自身情况决定后续事项，具有更强的便捷性及自主性，极大地体现了旅游度假行业个性化的特点。

四、主要在线旅游网介绍

携程旅行网创立于1999年，总部设在我国上海，经过20多年的发展，已涵盖内容社区、预订服务、旅行协助、目的地内活动、旅程中支持五大版块，能够提供包括住宿预订、交通订票、旅游度假及商旅管理服务和其他旅行相关服务。此外，携程旅行网有着强大的供应链优势，投资、并购途风网、同程网、途牛网、去哪儿网、印度OTA巨头MakeMyTrip、Skyscanner等20多家公司，快速打通产业链，实现规模扩张。2021

年，携程集团联合创始人兼董事局主席梁建章正式发布"旅游营销枢纽"战略，旨在创造新的交易场景，通过内容转化和营销赋能为泛旅游行业创造增量收益。艾瑞咨询集团发布的数据显示，2020 年携程旅行网在线旅游市场份额达 40.7%，排名榜首，遥遥领先于主要竞争对手。

携程旅行网提供的产品和服务主要有以下几种。

1）酒店预订。携程旅行网拥有我国领先的酒店预订服务中心，能为会员提供即时预订服务。

2）机票预订。目前，携程旅行网机票预订网络已覆盖国际、国内绝大多数航线、机票官网，提供机票查询、机票预订和特价机票查询、打折机票查询服务。携程旅行网同时动态提供航班查询、时刻表查询、机票查询、票价查询，其纸质机票预订量和电子机票预订量均在同行中名列前茅，是我国领先的机票预订服务中心。

3）携程旅行顾问。携程旅行顾问是携程旅行网于 2016 年推出的全新的"B2C"个人旅游分享经济服务模式。携程旅行顾问借助携程品牌和产品库为客户提供旅游咨询和预订服务。

4）高铁代购服务与国内火车服务。携程旅行网于 2011 年 7 月 5 日推出高铁频道，为客户提供高铁和动车的预订服务及火车票（含高铁、动车）售票、改签与退票服务。

5）租车服务。携程租车打通了从金融服务商、汽车厂商到租车供应商，再到用户的全生态链。

6）旅游度假产品预订。目前携程旅行网提供数百条度假产品线路，还为会员提供签证、租车、当地游、邮轮、火车游、自驾租车等特色服务，为不同类型的用户提供了更多的选择。

7）酒店街景服务。2011 年 10 月，携程旅行网上线了其酒店街景功能。酒店街景是携程旅行创新实验室与杰图软件合作推出的酒店街景体验服务，可查看酒店周边的 360°全景。除了宾馆外景，还可以查看周边交通、美食餐饮、停车场、购物商场、娱乐场所，让用户对计划入住的酒店周边环境有一个全方位的了解。

8）私人向导平台。导游可以在携程旅行网私人向导平台发布服务。导游发布的服务在国内是徒步向导，包括每天 9 小时的讲解和向导服务。用户可以通过平台完成服务预订和交易全过程，确定行程后，即可在平台上确认合同、在线支付。2020 年 2 月 19 日，携程旅行网宣布发起"景区云旅游"活动，联合 8 家供应商，免费开放超过 3000 家景区的近 7000 条语音导览产品。

技能训练 3-1　在线旅游产品预订

吴某是浙江某高校的学生，计划利用十一长假与好友到成都旅行，时间为 4 天。吴某准备通过网络预订往返机票和酒店及相关旅游产品，要求机票为普通经济舱，酒店 300 元左右一间，日均消费在 500～800 元。请你帮吴某查询相关出行信息、酒店信息及目的地信息，并记录所使用的网站或 App 名字，总结使用这些网站或 App 后对其功能的心得体会，并将查询结果填入表 3-2 中。

表 3-2 在线旅游产品使用统计

调研时间：　　　　　学号/姓名：

序号	需安排的项目		使用的网站/App（网址）	使用心得
1	交通：飞机票订购		如携程旅行网（https://www.ctrip.com/）	
2	住宿：酒店订购			
3	景点门票订购	1. 成都大熊猫繁育研究基地		
		2.		
		3.		
4	当地特色美食团购	1.		
		2.		

第二节　在线教育

教育投资作为人们面向未来的战略投资，在每个家庭消费支出中所占的比例越来越大。随着学前教育、学历教育、职业培训、终身教育等不同的教育形式纷纷涌现，教育正在从学校与课堂走向更广阔的时空。

随着互联网的普及，在线教育模式逐渐被用户认可。越来越多的传统教育机构、互联网企业纷纷涉足在线教育领域。我国在线教育目前仍处于初期阶段，商业模式尚未成形，市场格局仍在演变，发展前景广阔。

为了营造良好的教育生态，规范校外培训乱象，2021 年，国家出台一系列政策法规对学科培训进行管理，严禁资本化运作，规范 K12[①]教培市场。与之相反，在社会需求的影响下，职业教育、素质教育得到国家的鼓励提倡。

一、在线教育宏观市场环境

在线教育也称为网络教育，是综合运用现代通信技术、多媒体计算机技术和现代网络技术，特别是互联网技术实现交互式学习的新型教育模式。在线教育在整合教育资源、为更多人提供更方便的教育方面有着得天独厚的优势，为终身教育、自主学习奠定了基础。

1. 我国教育体系结构

在互联网时代，信息呈爆发式增长，知识更新越来越快。终身学习、持续学习成为

---

① K12（kindergarten through twelfth grade），教育类专用名词，是学前教育至高中教育的缩写，现在普遍被用来代指基础教育。

必然。不受时空限制的在线学习，特别是移动学习，为人们知识的更新和信息的获取带来了方便。在我国教育体系的大框架下审视在线教育的现状及趋势，具有启发意义。

2. 我国在线教育市场结构

在线教育需要课程内容生产方、平台资源整合方，以及行业监管机构等第三方评测机构等多元市场主体的参与，从而构成一个庞大的产业链。

1）课程内容生产方：由各教育培训机构、学校组织提供课程内容，包括多种数字化学习资源（文本、图形、图像、音频、视频等）等，从而实现资源的多样化和多元化。

2）平台资源整合方：负责综合各课程内容提供方的资源，形成平台渠道，建立学习者与教育培训机构对接的桥梁。

3）行业监管机构等第三方评测机构：主要涉及教育部及地方教育主管机构、第三方教学评测机构，以及一些非营利或非政府组织机构，以确保在线教育产业链的有序良性发展。

3. 在线教育的分类

从整个产业链的角度出发，可以把在线教育分为 5 类，即基础网络教育、高等网络教育、网络职业认证培训、企业 E-learning 及网络教育服务。

1）基础网络教育。基础教育通常是指高中阶段（含）以下的教育，包括学前教育（幼儿园）、初等教育（小学）、中等教育（初中、高中）3 个阶段。中专、职高虽然也属于中等程度的教育，但是一般被归为职业教育。基础网络教育是指中小学网络教育，在我国一般称为"中小学网校"，简称"网校"，是一种辅助性的教育活动，并不提供学历。

2）高等网络教育。高等网络教育的对象一般为 18 岁以上的成人，主要提供非学历的专业教育及专科升本科或本科学历教育。高等网络教育与其他网络教育最大的不同在于，学习者可以通过相关考试获得国家承认的文凭。

3）网络职业认证培训。网络职业认证培训的对象非常广泛，从学生到成人都有，提供职业技能培训或各种考试辅导、认证培训。

4）企业 E-learning。企业 E-learning 的对象主要为企业员工，是企业内部培训的一种新方式。规模较小或非跨地域性企业主要通过企业内部网实施企业 E-learning，而跨地域性企业主要通过互联网实施企业 E-learning。

5）网络教育服务。网络教育服务主要是指教育门户、教育网游、教育频道、平台提供商、内容提供商等为网络教育提供的相关服务。这些提供者没有教育实体和网络学校。

二、在线教育市场分析

随着互联网及移动互联网的进一步普及，传统行业发生变革，作为刚需的教育行业有望成为互联网化的下一个领域。相比传统的线下教育，线上教育具备不受时间、地域限制的优势，尤其在繁忙的现代社会及缺乏教育资源的地区将具有较大的发展空间。

1. 在线教育市场与用户规模逐年增长

据 CNNIC 统计，2016～2020 年我国在线教育用户规模整体呈上升趋势，截至 2020 年 12 月，我国在线教育用户规模达到 34 171 万人，较 2016 年增长 20 407 万人；在线教育使用率达到 34.6%，较 2016 年增长 15.8%。

2. 直播课堂将推动混合式学习兴起

在线教育不会取代线下授课，但会成为线下授课的重要补充。在线教育与线下授课的混合式学习才是真正的主流趋势。任何一种学习或者培训都离不开面授，需要面对面交流。在国外，面对面交流大约占到学习时间的 20%。点播与直播的结合是未来在线教育授课的主流方式。

虚拟教室需要同时容纳成千上万的人，要能够把真实课堂所具有的功能很好地集合起来并提供给学习者。

3. 学习游戏化和社交化趋势明显

以后的在线教育可能会向游戏化和社交化方向发展，社区化与粉丝化趋势将逐渐出现。例如，在教育平台上，相同爱好的人群集聚成一个社区进行互动交流，自我管理，甚至学习用户生成内容（user generated content，UGC）。

三、在线教育典型网站——网易公开课

网易 2010 年 11 月 1 日推出"全球名校视频公开课项目"，首批 1200 集课程上线，其中有 200 多集配有中文字幕。用户可以在线免费观看来自哈佛大学等世界级名校及国内名校的公开课。网易公开课频道不仅可以供用户在线观看课程，还提供下载功能。用户下载课程后可存入手机等播放终端，实现随时随地学习。

目前网易公开课开设有国际名校公开课、中国大学视频公开课、TED（technology entertainment design）、可汗学院、赏课、精品课程、直播等频道，内容涉及文学、数学、哲学、语言、社会、历史、商业、传媒等方面。

技能训练 3-2　网络教育资源分布状况调研

王艺是一名商务英语专业的大学毕业生，他的意向是到跨境电商公司工作。他意识到这个行业对语言能力、从业能力要求高，知识更新快。为了提升自己未来的竞争力，他打算通过网络查找跨境电商的学习资源。请你帮他查找相关学习资源，并将结果填入表 3-3 中。

表 3-3　网络教育资源分布状况调研

调研时间：　　　　　学号/姓名：

网站名称	网站简介	网站优势与特色	网站的收费情况

阅读材料 3-1

第三节　网 络 招 聘

网络招聘随着互联网的发展应运而生。经过 10 余年发展，通过网络进行招聘已成为常态。招聘服务是指相关机构在帮助雇主和求职者完成招聘和求职的过程中所提供的服务，主要包括网络招聘、报纸杂志招聘、猎头服务、人力资源外包和招聘会 5 种形式。

从 2003 年开始，越来越多的国内企业开始使用网络招聘。网络招聘以其招聘范围广、信息量大、可挑选余地大、招聘效果好、费用低等优势，不仅获得了越来越多的企业用户的认可，还得到了越来越多的求职者的认同。

一、网络招聘的定义

网络招聘是指运用互联网及相关技术，帮助雇主和求职者完成招聘和求职。网络招聘服务主要包括针对雇主的服务和针对求职者的服务，如招聘信息发布、简历下载、招聘专区定制、求职简历生成、职位搜索、薪酬查询、在线面试、在线测评等。

网络招聘不仅是将传统的招聘业务复制到网上，还是一种互动的、无地域限制的、具备远程服务功能的全新的招聘方式。网络招聘的出现给招聘方式带来了深刻的变革。

二、网络招聘市场发展历程

从发展历程来看，网络招聘市场经历了以下 3 个阶段。

1）萌芽探索期。该阶段网络招聘主要依托 PC 端，以综合招聘模式为主，如前程无忧、智联招聘等。

2）成长成熟期。网络招聘平台开始向移动端发力，更加重视个性化招聘，诞生了一批个性化招聘类型，如垂直类招聘、社交类招聘及其他新兴招聘类型。

3）稳定发展期。该阶段网络招聘的主要特点为人工智能、大数据等技术在网络招聘行业的应用更加成熟，招聘流程简化，招聘效率提升。

未来网络招聘将进入业务多元化拓展的阶段，除招聘外，还将在整个人力资源行业进行拓展，如企业 SaaS 服务、职业培训、测评等，打造人力资源全产业链服务。

三、网络招聘市场发展现状

1. 网络招聘市场近 5 年持续增长，2020 年受新冠肺炎疫情影响明显

自 2017 年开始，传统招聘平台实现业务扩张，业绩实现稳步增长。行业新进者以自身独特发展模式带动整个网络招聘市场的发展，如社交招聘、猎头招聘等服务进一步满足了用户的多元需求，形成"百家争鸣"的局势，提升了市场发展空间。近 5 年，我国的网络招聘市场规模逐年增长，但在 2020 年受到新冠肺炎疫情的影响，网络招聘市场规模的增长率出现大幅下降，下降至 0.9%，市场规模增长至 108 亿元，其中前程无忧营业收入占比 34.2%。

2. 高学历求职者占比超过八成，学历结构保持稳定

我国近 10 年的求职者学历分布比例变化较小，趋于均衡，高学历求职者仍占据求职者的 80% 以上。这主要得益于：第一，以人工智能为代表的技术发展推动了我国高尖端人才的培养，带动了整体求职者的学历水平；第二，近年来国内高校毕业生数量持续增加，国外高校毕业生回国人数逐年增多，这部分求职者是整个求职群体的新鲜血液，是拉动整个求职群体学历的主力军。

3. 新型招聘模式多样化，服务学生的招聘企业受到资本欢迎

垂直招聘模式更受资本青睐。2018 年，垂直招聘模式投融资依然领跑其他模式。垂直招聘类型包括人群垂直、行业垂直、地域垂直、企业垂直等。在人群垂直类型中，专门为学生群体服务的企业招聘平台所占比例最高。从 2014 年开始，网络招聘行业投资升温，提升了行业的竞争门槛，通过竞争与淘汰，沉淀出一批用户耳熟能详的优质网络招聘平台。近年来，前程无忧和智联招聘两大传统招聘头部企业也开始拓展除在线招聘业务外的业务，同时在深度上进行垂直招聘布局。

四、网络招聘典型网站介绍

根据招聘网站涉及行业领域、业务种类的多少，以及提供服务方式的不同，网络招聘市场可以分为综合招聘网站、垂直招聘网站、分类信息平台和新兴招聘网站。

1. 综合招聘网站

综合招聘网站面向多个行业领域提供多样化的招聘服务，是我国网络招聘市场的典型模式，主要代表有前程无忧、智联招聘等。

1）前程无忧——将产品和服务融入校园招聘全流程，扩展校园招聘行业新领域。前程无忧成立于 1998 年，提供报纸招聘、网络招聘、招聘猎头、培训测评和人事外包等人力资源服务，多次被 CNNIC、Alexa 评为"中国最具影响力的人才招聘网站"。

前程无忧是我国以综合招聘为主的网络招聘平台之一，业务主要集中在网络招聘和其他人力资源服务两部分（图 3-2），且业务全部面向雇主展开。网络招聘服务针对金字塔式的求职者群体提供不同的招聘平台。头部猎头群体体量小、工作经验丰富、薪酬高。腰部 RPO（recruitment process outsourcing，招聘流程外包）主要针对职场普通白领和精英，尾部 RPO 主要针对初入职场的大学生。除此之外，还有为城市服务者提供服务的招聘平台。城市服务者数量多，对工作的需求变化较大。其他人力服务围绕培训、测评、人事外包、咨询业务展开，主要面向 B（business，商家）端企业，为 B 端企业提供一站式人力资源解决方案。

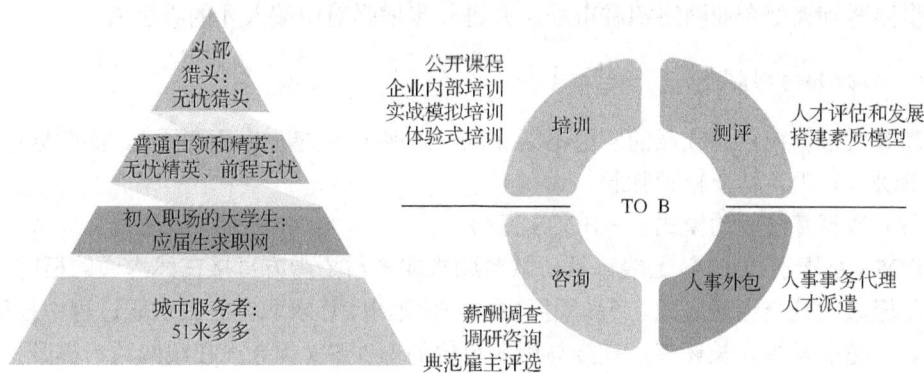

图 3-2　前程无忧业务范围

2）智联招聘——整合高校和企业资源搭建校招平台，为求职者提供便捷服务。大学生群体是流入招聘行业的新鲜血液，因此校园招聘工作显得尤为重要。智联校园招聘围绕智联招聘平台，搭建自身资源生态，通过整合高校、学生、媒体资源，与企业深度合作，为大学生求职和职业生涯发展搭建平台。智联招聘为参与校园招聘的企业开展雇主品牌（包括品牌咨询、雇主调研、雇主活动等服务）、校园营销、校园招聘流程外包、定制化招聘、全球化招聘和中小企业智慧招聘等六大业务，以服务为导向，连接学生与企业。

2. 垂直招聘网站

垂直招聘是指企业在网络招聘的某个细分市场或业务领域开展专业化经营的一种网络招聘模式,包括地域细分、行业细分和市场细分。伴随着网络招聘行业向综合性人力资源服务平台方向发展,满足雇主越来越多的增值服务需求、越来越广泛的人力资源服务需求成为网络招聘企业的聚焦点。在这一宏观市场背景下,垂直招聘网站被推向前台。目前,垂直招聘网站的典型代表有区域垂直的南方人才网、行业垂直的数字英才网、面向中高端人群的猎聘网等。

3. 分类信息平台

分类信息平台本身提供海量的生活资讯服务,涉及门类广,内容包罗万象,如赶集网、58同城、百姓网等。这些非专门的招聘网站所开设的在线招聘频道,依托网站本身广泛的用户基础、灵活的市场布局、明确的市场定位,快速布局网络招聘市场。例如,赶集网、58同城先后将"招聘"作为首推版块。以下具体介绍58同城。

58同城于2005年12月创立于北京,于2013年10月31日在纽约证券交易所挂牌上市,于2014年6月正式与腾讯达成战略投资合作。58同城主要提供房屋租售、招聘求职、二手物品、二手车、二手房、商家黄页、宠物、票务、旅游交友、餐饮娱乐等多种生活服务。

58同城的业务模式更适合于中基层岗位招聘,以中小企业为主,其营业收入方式也同样适用于现有的招聘市场。除此之外,通过名企和金牌职介等新招聘产品,58同城可进一步渗透到大型企业网络招聘市场,并进一步增强对中端人才的吸引力。

4. 新兴招聘网站

随着大数据在招聘领域的应用不断深入,出现了各类新兴招聘网站,如数据算法驱动的BOSS直聘、社交招聘脉脉。

(1)数据算法驱动模式——BOSS直聘

BOSS直聘于2014年上线,是一款帮助求职者与招聘方直接在线沟通的招聘工具。基于年轻人的社交沟通方式,产品采用去中心化理念,让求职者省去求职过程中投简历、等待、数轮面试等冗长环节,直接与用人单位的BOSS(领导)在线沟通,提升招聘和求职效率。同时,渴求人才的用人单位领导可以通过算法推荐和搜索,主动与合适的候选人联系,展示自己和公司的诚意,将招聘时间缩至最短。

(2)社交招聘模式——脉脉

脉脉是社交招聘模式的典型代表,于2013年上线,专注中国职场领域社交探索,2013~2018年逐步扩展了平台业务,上线平台内部版块,如平台猎头业务、会员业务及内容营销业务。与传统招聘模式不同之处在于,脉脉是"实名制"内容平台型导向网站。实名制的优势在于,用户可以清晰地知道身边好友的工作情况,且可以裂变式了解网站推荐给自身的人脉情况,从而加强自身职场弱关系,建立二度人脉。根据脉脉提供的数据，脉脉的活跃用户渗透率达到 40%。用户可以根据人脉直接与发布简历的企业方建立联系，从而提升招聘效率。

第四节　网络婚恋交友

网络婚恋交友是指交友双方以达成恋爱及婚姻关系或者结交更多朋友为目的，在网络上通过相互了解、沟通、交流等行为，最终找到适合自己的婚姻对象或朋友的交友行为。与一般网络交友不同的是，网络婚恋交友的目的更加明确，也更加严肃。

网络婚恋交友网站分为两类，即相亲网站与交友网站。相亲网站以互联网+电话红娘服务模式为主，红娘作为中间人，根据用户 ARPU（average revenue per user，每个用户平均收入）值提供推荐与指导服务。交友网站提供交友平台服务，以用户自助模式为主，用户规模庞大，无中间人，用户比较低龄化。

一、网络婚恋交友行业发展概况和特点

（一）发展概况

2019 年，中国互联网婚恋交友行业市场规模达 55.6 亿元，较 2018 年增加了 5.70 亿元，同比增长约 11.4%。2021 年上半年，中国婚恋交友平台累计活跃用户数达 3655.7 万，较 2020 年同期增加 607.80 万，同比增长约 19.9%。

随着移动互联网的快速发展，用户社交逐步向移动端转移，网络婚恋交友用户在移动端的渗透率不断提高。网络婚恋交友企业加速 AI（artificial intelligence，人工智能）、大数据、VR、AR（augmented reality，增强现实）等技术在婚恋交友领域的落地。短视频直播等新模式带动视频婚恋产品的兴起，加深了用户参与度，具体表现为线上具有互动性、趣味性的玩法和内容驱动了用户规模的增长。

（二）发展特点

中国网络婚恋交友行业的发展特点如下。

1. 科技加持下的产品服务创新将是行业常态

网络婚恋服务核心企业借助人工智能、大数据构建智能客服、智能测评、智能门店、智能网警等创新服务系统，线上线下双向协同发展，构建更全面的用户服务风险防控系统。长期以来，网络婚恋行业中存在着如难以保证信息安全和匹配准确度等问题，随着大数据等相关技术的不断发展成熟，网络婚恋行业的服务模式将发生变化，新科技的使用可以进一步提升用户的服务满意度，同时还可以降低线上平台和线下门店的运营成本，最终发挥协同效应，赋能产业服务升级。

2. 产业范畴持续延展，深耕婚礼领域，拓展市场空间

现阶段网络婚恋服务核心企业不断拓展产业服务范畴，借力品牌优势深耕婚礼领域，拓展市场空间。网络婚恋交友目标市场具有分散度较高且结婚消费不连续的特征，而由网络婚恋交友平台延伸出来的线上备婚服务平台通过整合产品信息和社交化的内容分享，将备婚用户聚合并匹配给线下各细分结婚服务企业，其核心价值在于大幅降低传统备婚服务企业的获客成本。

二、网络婚恋交友市场格局分析

我国互联网婚恋交友平台主要有百合佳缘、珍爱网、伊对、对缘、有缘网等，从月均活跃用户数来看，2021 年上半年百合佳缘月均活跃用户数为 687.5 万，全国排名第一；珍爱网月均活跃用户数为 538.7 万；伊对月均活跃用户数为 252.3 万；对缘月均活跃用户数为 36.4 万；有缘网月均活跃用户数为 32.9 万。

三、网络婚恋交友典型网站——世纪佳缘

世纪佳缘成立于 2003 年，以互联网婚恋平台模式为主，2009 年推出高端猎婚服务，2013 年开始扩大该业务，为精英阶层提供定制化、高效的婚恋服务。2011 年 5 月，世纪佳缘在美国纳斯达克成功上市，2017 年 9 月，百合网与世纪佳缘正式完成合并，目前该公司已正式更名为"百合佳缘网络集团股份有限公司"。自成立以来，该公司已促成超过 1700 万名用户成功牵手，累计用户超过 3 亿。

百合佳缘拥有庞大的用户群体，在行业内的领先优势明显。它作为上市企业，拥有较高的品牌知名度及品牌公信力。

本 章 小 结

电子商务已经渗透到人们的工作、学习、生活、娱乐等诸多方面。充分了解电子商务在各领域的发展和应用，不仅可以拓展一个人的思维和视野，还可以提高人们在网络化社会的生存能力，使学习、工作和生活更有效率，更加丰富多彩。

1. 电子商务已然改变了人们的生活方式

进入 21 世纪，人们的生活方式发生变化，网络化生存无处不在，人们习惯通过网络看新闻、查信息、互动聊天、开会、购物等。网络"虚拟空间"不仅影响了人们的休闲方式，还改变了人们的消费和娱乐方式。电子商务使人们的生活变得更方便：打开网络，可以获取海量的信息；访问网站，可以选购琳琅满目的商品；足不出户，可以享受个性化的教育等。一切都因电子商务变得更加简单、更加丰富。

2. 电子商务并非人们生活的全部

随着信息技术的发展和网络的普及，电子商务可以为人们做许多事情，但电子商务绝不是生活的全部。人们可以通过网络购买商品，但无法享受与朋友一起逛街的快乐；人们可以通过网络学习，但无法感受与同学在一起的温馨；人们可以通过网络进行游戏，但不能享受大自然清新的空气和温暖的阳光。

与任何先进的技术一样，电子商务也是一柄双刃剑，它在让人们轻松获得的同时，也让人们难以体验探索的乐趣；它使人们可以涉猎更宽广的领域，同时也容易让人失之于肤浅和流于平庸。在网络时代，人们的个性化需求日益凸显，要求产品或服务更专业。但我们绝不能过度沉迷其中，以免迷失了应有的人生目标和进取方向。

同 步 训 练

一、单选题

1. 当前，在线旅游市场主要包括在线出行、在线住宿与（ ）3个主要类型的产品。

    A. 在线度假   B. 机票预订   C. 酒店预订   D. 门票预订

2. BOSS 直聘属于（ ）招聘网站。

    A. 垂直   B. 综合   C. 分类信息   D. 新型

3. 脉脉招聘网站的主要特点是（ ）。

    A. 算法驱动   B. 社交招聘   C. 综合信息   D. 垂直校园市场

二、判断题

1. 从教育产业链的角度出发，可以把在线教育市场分为基础网络教育、高等网络教育、网络职业认证培训、企业 E-learning 及网络教育服务。 （ ）

2. 随着移动互联网的快速发展，用户社交逐步向移动端转移，网络婚恋交友用户在移动端的渗透率不断提高。 （ ）

三、思考题

结合自己对电子商务在各细分领域的应用的理解，列出电子商务典型的应用，填入表3-4中。

表3-4 电子商务在细分领域典型的应用

基础应用类	商务交易类	网络金融类	网络娱乐类	公共服务类	其他1	其他2

第四章
电子商务技术基础

知识目标

1. 理解计算机网络的基础知识。
2. 掌握 Internet 基本知识及主要应用领域。
3. 了解 Internet 的主要功能。
4. 掌握大数据的概念。

能力目标

1. 掌握 Internet 应用的主要方法。
2. 能够使用云空间的基本功能。
3. 能够掌握移动电子商务先进技术。
4. 能够理解大数据的商业应用领域。

素质目标

1. 具有互联网思维和大数据意识，与时俱进。
2. 具备创新意识，不断学习新技术，运用新技术解决问题。
3. 勇于探索，寻找新技术带来的商业机会，提升自己的创业能力。

思政目标

1. 遵纪守法、恪守职业道德，在运用新技术开展商务活动时，合法合规使用互联网资源。
2. 在使用大数据过程中注重客户隐私保护。

■ 引言

日新月异的互联网技术，特别是移动通信技术，为当前电子商务的发展奠定了坚实的技术基础。随着大数据、云计算等技术的成熟与应用探索，电子商务以更低成本、更高效率、更人性、更友好的发展为特点，带动社会的发展。要想充分了解电子商务的发展，就必须深入学习了解电子商务的相关技术。

第四章　引导案例

第一节　计算机网络概述

一、基本概念

计算机网络是指将若干个地理位置不同并具有独立功能的多个计算机，通过通信设备和传输线路连接起来，实现信息交换和资源共享的系统。

二、计算机网络的分类

按照通信距离的远近或地域覆盖范围的大小，通常将计算机网络分为以下 3 类。

1. 局域网

局域网（local area network，LAN）也叫局部网，一般是将微型计算机通过高速通信线路相连，其传输速率为 1Mbit/s 以上。目前，常见局域网的速率为 10Mbit/s、100Mbit/s。局域网物理连接的地理范围较小，一般为几十米至几千米。一般情况下，局域网主要用于构建企事业单位的内部网。

2. 城域网

城域网（metropolitan area network，MAN）也叫区域网，其通信距离介于局域网和广域网之间，通常为 5～50 千米，如城市银行的计算机网络系统，传输速率为 1Mbit/s 以上。

3. 广域网

广域网（wide area network，WAN）也叫远程网，通信距离通常为几十米到几千千米，是一种可跨越国家及地区甚至遍布全球的计算机网络。广域网一般以高速电缆、光缆、微波天线或卫星等远程通信形式连接，传输速率较低，一般小于 0.1Mbit/s。Internet 就是一个遍及全球的巨大的广域网。

第二节　Internet

一、Internet 概述

Internet 是全球最大的、开放的、由众多网络和计算机通过电话线、卫星及其他远程通信系统互联而成的超大型计算机网络，也称国际互联网，中文译名是"因特网"。Internet 将全世界的计算机连在一起，使全球各地的人们可通过网络进行通信，空间的距离不再成为人们交流的障碍。

（一）TCP/IP

Internet 的本质是计算机与计算机之间互相通信和交换信息。在计算机之间进行通信，首先必须使用一种双方都能接收的"语言"，这就涉及 TCP/IP（transmission control protocol/Internet protocol，传输控制协议/网际协议），然后还需要知道彼此计算机的地址。只有有了协议和地址，计算机之间才能交流信息，从而形成网络。Internet 是由许多小型网络构成的国际性大型网络。各小型网络可能使用不同的协议，因此要保证它们之间能进行信息交流就要借助 TCP/IP。

（二）IP 地址与域名

1. IP 地址

正如日常生活中的门牌号码不会重复一样，在互联网上每台主机都有唯一的 IP 地址。IP 地址可以标识互联网上的每台主机，并完成互联网上每台主机间的通信联络。

1）IP 地址的格式。一个 IP 地址由 32 位（4 字节）的二进制数组成。因为二进制数表示的地址不便于记忆，所以一般将其表示为 4 组介于 0～255 之间的十进制数，中间用圆点隔开，如 202.103.96.68。

2）IP 地址分配的原则。同一网络内的所有主机都具有相同的网络标识号，但每台主机的标识号必须彼此不同，以便区分不同的主机；不同网络内的主机，其网络标识号必须不同，但可以具有相同的主机标识号。

3）IP 地址的唯一性。互联网上的 IP 地址必须唯一。全球 IP 地址由互联网名称与数字地址分配机构（The Internet Corporation for Assigned Names and Numbers，ICANN）负责统一分配和管理。

4）TCP/IP 协议规定，每个 IP 地址由网络地址和主机地址组成。

2．域名

由于数字形式的 IP 地址难以记忆，人们便使用文字表示 IP 地址，这就是域名地址。在 Internet 中，域名系统（domain name system，DNS）可将域名地址解析为 IP 地址。域名是指由点 "." 分割，仅由数字、英文字母和连字符 "-" 组成的字串，是与 IP 地址相对应的层次结构式互联网地址标识。常见的域名有两类：一类是国家或地区顶级域名，如以.cn 结尾的域名代表中国；另一类是机构类别顶级域名，如以.com、.net、.org 结尾的域名等。

1）域名的组成。域名采用分级结构，由利用 "." 分割的多个字符组成，越靠右边的域名，其级别越高，最右边的域名为一级域名，也称顶级域名。例如，http://www.wpbaby.com/ 中的.com 为一级域名。

2）域名的格式：主机名.单位名（三级域名）.行业性质代码（二级域名）.顶级域名。

3）域名的确定。域名中的 "单位名" 一般由本单位自行选择，并通过网络注册获得，其他部分由网络管理部门确定。一级域名有地理性域名和机构性域名两类：地理性域名按国家和地区划分，如.cn 代表中国、.fr 代表法国、.us 代表美国等；机构性域名的缩写如表 4-1 所示。

表 4-1　机构性域名的缩写

域名缩写	机构类型	域名缩写	机构类型
.com	商业系统	.firm	商业或公司
.edu	教育系统	.store	提供购买商业的业务部门
.gov	政府机关	.web	主要活动与 Web 有关的实体
.mil	军队系统	.arts	以文化为主的实体
.net	网管部门	.rec	以消遣和娱乐为主的实体
.org	非营利组织	.inf	提供信息服务的实体

3．网站

网站是指以域名本身或者 "www.+域名" 为网址的 Web 站点，其中包括国家顶级域名和类别顶级域名下的 Web 站点。例如，对域名 cnnic.cn 来说，它的网站只有一个，其对应的网址为 cnnic.cn 或 www.cnnic.cn。除此以外，whois.cnnic.cn、mail.cnnic.cn 等以该域名为后缀的网址，只被视为该网站的不同频道或分站点。

技能训练 4-1　域名及 IP 地址的查找与登录

通过站长之家等工具，查询你所在学校、北京大学、清华大学的网站域名及 IP 地址和 ICP 备案号，把调研结果填入表 4-2 中。

表 4-2　域名及 IP 地址和 ICP 备案号登记表

学校名称	域名分析		IP 分析		备注
	校园网域名	能否登录	校园网 IP 地址	ICP 备案号	
你所在的学校					
北京大学					
清华大学					
⋮					
调研结论					

二、Internet 的主要功能

（一）Web 服务

Web 服务即信息查询与检索服务，也称万维网，是一个基于超文本方式的信息查询工具。超文本是指查询的内容中包含指向其他内容的超链接，且查询的内容除文字之外，还包括图像、声音甚至动态的视频信息。

Internet 所提供的 Web 服务是通过网络上的 Web 服务器以网页的形式实现的。用户可通过 Web 浏览器软件进行信息查询。

进行 Web 浏览时需要使用浏览器软件，目前国际市场上流行的浏览器软件有以下几种。

1. IE 浏览器

IE 浏览器曾是世界上使用最广泛的浏览器，它由微软公司开发，预装在 Windows 操作系统中。如今，这款浏览器已没有太多用户使用，因此微软定于 2022 年 6 月完全停止对其的服务支持。

2. Safari 浏览器

Safari 浏览器由苹果公司开发，它也是使用比较广泛的浏览器。Safari 预装在苹果操作系统中，于 2003 年首度发行测试版，是苹果系统的专属浏览器。

3. Firefox 浏览器

Firefox 浏览器是一个开源浏览器，由 Mozilla 资金会和开源开发者一起开发。因为是开源的，所以它集成很多小插件，拓展了很多功能。Firefox 浏览器发布于 2002 年，是世界上使用率排名前 5 的浏览器。

4. Chrome 浏览器

Chrome 浏览器由谷歌公司开发，其测试版本于 2008 年发布，以良好的稳定性、快速、安全性获得用户的青睐。

5. 360 浏览器

360 浏览器基于 IE 内核开发，是互联网上安全、好用的新一代浏览器，拥有国内领先的恶意网址库，采用云查杀引擎，可自动拦截木马、欺诈等恶意网址。

（二）电子邮件

电子邮件（E-mail）是一种通过计算机网络与其他用户进行联系的，快速、简便、高效、廉价的现代化通信手段。通过电子邮件，可以实现 Internet 上任何用户之间文字信息的准确传递，因为 Internet 上的 DNS 可以确保每位 Internet 用户的电子邮件地址都具有唯一性。电子邮件是用户上网常用的工具。电子邮件系统采用"存储转发"方式为用户传递邮件。

与普通信件类似，互联网中的电子邮件也有自己的"信封"和"信纸"，它们被称为邮件头（mail header）和邮件体（mail body）。邮件头主要由 3 个部分组成：收信人电子邮箱地址（to:）、发信人电子邮箱地址（from:）、信件标题（subject:）。邮件体为邮件实际传送的内容。

1. 电子邮件协议

电子邮件服务包括发信和收信两个过程，每个过程使用不同的协议：POP3（post office protocol-version 3，邮局协议版本 3）负责收信，SMTP（simple mail transfer protocol，简单邮件传送协议）负责发送和传递电子邮件。一个完整的电子邮箱地址由用户账号和电子邮箱域名两部分组成，中间用"@"符号将两部分连接起来，如 chinahn@126.com。

2. 邮件客户端应用

在 Windows 环境下，电子邮件的使用方式有两种：Web 方式和客户端方式。

Web 方式是指使用浏览器访问电子邮件服务商提供的网站，再根据页面提示进入邮箱系统，并处理用户邮件。这种方式只要求用户计算机上配置 IE 或其他浏览器软件即可。

客户端方式是指用户必须在其计算机上安装邮件客户端程序（如 Outlook Express、Foxmail 等），并使用该程序处理邮件。客户端方式与 Web 方式相比，操作更方便。在使用客户端前要进行一些必要的参数配置，在使用中要进行正常的维护和管理。

第三节　云空间的应用

云空间（cloud hosting）是大容量网络存储空间的集合。用户使用云空间操作简单方便，不必担心服务器的安全受到威胁。目前的云空间产品有中国移动和彩云、腾讯微云、金山快盘、360 云盘、百度云、阿里云、华为云等。例如，百度云的网盘、阿里云的开放存储服务（open storage service，OSS），均对外提供海量、安全和可靠的云存储服务。

一、云空间的主要功能

云空间的功能大体上可以分为基本功能、共享功能和其他功能三大类，提供包括存储用户的图片、影音视频、文档、通信录、软件、短彩信、日历等服务，还允许用户通过云端进行 Windows 客户端、手机、其他移动设备（如 iPad）等多终端内容的备份和同步。

二、云空间的基本操作

近年来，云空间产品不断涌现，功能也越来越强大。除了中国移动和彩云之外，腾讯微云、百度云、金山快盘、阿里云等云空间产品都聚集了大量高黏性用户，对人们的生活与工作产生了重要影响。以腾讯微云为例，它不仅可以使用户方便地在手机和计算机之间同步文件、推送照片和传输数据，还可以让用户利用它提供的二维码扫描功能打开网页、文件领取优惠券等。

百度云是于 2012 年 8 月由百度推出的一项云存储服务，已覆盖主流计算机和手机操作系统，包含 Web 版、Windows 版、Mac 版、Android 版、iPhone 版和 Windows Phone 版。用户可以轻松地将自己的文件上传到网盘上，并可跨终端随时随地查看和分享相关资料及文件。百度云个人版是百度面向个人用户的云服务，满足用户工作和生活中的各类需求，已上线的产品包括网盘、个人主页、通信录、相册、文章、记事本、短信、手机找回等。

技能训练 4-2　云空间操作体验

云空间可以存储文件。分别登录阿里云、腾讯微云、百度云、360 云盘、华为云，并在这些平台上注册账号，体验云空间的魅力，填写表 4-3。

表 4-3　云空间操作体验

云空间名称	空间大小	主要功能	主要优点	体验评价	安全性
阿里云					
腾讯微云					
百度云					
360 云盘					
华为云					
调研结论					

第四节　移 动 电 商

随着 Internet 及无线通信技术的发展，人们已经不满足于在固定的地点与 Internet 连接，而希望能随时、随地得到和处理信息。无线互联技术的出现为这一愿望的实现提供了技术的可能性。现在，移动电商已经开始走进人们的日常生活和工作，并日益显示出巨大的市场潜力和商业价值。

一、移动电商概述

移动电商是由电子商务的概念衍生出来的。现在的电子商务以计算机为主要界面，是"有线的电子商务"；而移动电商则是通过手机、PDA 这些可以"装在口袋里的终端"来完成商务活动的。

1. 移动电商的定义

移动电商是指交易当事人利用移动网络技术和便携式终端设备，如手机、PDA、笔记本计算机等进行的 B2B、B2C 或 C2C 商务活动。它综合利用互联网技术、移动通信技术、短距离通信技术及其他技术，使人们可以在任何时间、任何地点开展交易活动、商务活动、金融活动和相关的综合服务活动。

2. 移动电商的特点

移动通信设备为用户提供了一种简单、易于操作的界面，以其灵活、简单、方便的特点，使用户轻松地进入全球数字经济领域，给用户带来了一种全新的体验。通过移动电商，用户可以随时使用手机或 PDA 等便携式终端查找、选择及购买商品和服务，即时完成采购、实施商业决策、服务付费等多种商务活动。

目前，移动电商主要有银行业务、商务交易、订票、娱乐、医疗等功能。

二、微信及其应用

微信是腾讯于 2011 年 1 月 21 日推出的一个为智能终端提供即时通信服务的免费应用程序，由腾讯广州研发中心产品团队打造。截至 2021 年 3 月底，微信及 WeChat 合并月活跃账户数为 12.025 亿。

微信是实现了通信、社交、平台化三者一体的产品，对政府、企业、媒体、公众机构等组织而言，它是一个与用户直接对话、产生互动甚至促成交易的平台，具有巨大的市场潜力和难以估量的商业价值。

作为时下热门的社交信息平台，它同时也是移动端的一大入口。微信已演变成为一大商业交易平台，给营销行业带来了颠覆性变化。微信商城是基于微信研发的一款社会化电子商务系统。消费者通过微信平台可以享受商品查询、选购、体验、互动、订购与支付的线上线下一体化服务。

微信除了提供普通的个人聊天账号，还提供功能强大的公众号服务。微信公众号是开发者或商家在微信公众平台上申请的应用账号，该账号与 QQ 账号互通。通过微信公众号，商家可在微信平台上实现和特定群体的文字、图片、语音、视频的全方位沟通、互动。微信公众平台简称公众号，曾被命名为"官号平台"、"媒体平台"、微信公众号，最终定位为公众平台。

利用公众平台进行自媒体活动，简单来说就是进行一对多的媒体性行为活动，如商家可以申请微信服务号，通过二次开发展示商家微官网、微会员、微推送、微支付、微活动、微报名、微分享、微名片等，已经形成一种主流的线上线下微信互动的营销方式。

1. 公众号的种类

公众号主要有微信订阅号、微信服务号和微信企业号 3 种类型。不同类型的公众号所具备的功能和权限是不一样的，主要区别如表 4-4 所示。用户可以通过查找公众号账号或者扫二维码来关注公众号。

表 4-4　微信订阅号、微信服务号和微信企业号的区别

账号类型	微信订阅号		微信服务号		微信企业号	
业务介绍	为组织和个人提供一种新的信息传播方式，构建与用户之间更好的沟通与管理模式		为企业和组织提供更强大的服务与用户管理能力，帮助企业实现全新的公众号服务平台		帮助企业和组织内部建立员工、上下游合作伙伴与企业 IT 系统间的连接	
适用人群	适用于个人和组织		不适用于个人		企业、政府、事业单位或其他组织	
功能权限	普通订阅号	微信认证订阅号	普通服务号	微信认证服务号	普通企业号	微信认证企业号
消息直接显示在好友对话列表中			√	√	√	√

续表

账号类型	微信订阅号		微信服务号		微信企业号
消息显示在"订阅号"文件夹中	√	√			
每天可以群发 1 条消息	√	√			
每个月可以群发 4 条消息			√	√	
无限制群发					√	√
保密消息禁止转发					√	√
关注时验证身份					√	√
基本的消息接收/回复接口	√	√	√	√	√	√
聊天界面底部,自定义菜单	√	√	√	√		
定制应用					√	√
高级接口能力	部分支持			√	部分支持
微信支付——商户功能				√	

（1）微信订阅号

微信订阅号是微信为组织和个人提供的一种信息传播方式,构建了与用户之间更好的沟通与管理模式。

（2）微信服务号

微信服务号为企业和组织提供更强大的业务服务与用户管理能力。例如,中国南方航空股份有限公司的服务号,可以让用户通过微信办理值机手续、挑选座位、查询航班信息和目的地城市天气,并为 VIP（very important person,贵宾）会员提供专业服务等。

（3）微信企业号

微信企业号能帮助企业、政府机关、学校、医院等事业单位和非政府组织建立与员工、上下游合作伙伴及内部 IT 系统间的连接,并能有效地简化管理流程,提高信息的沟通和协同效率,提升对一线员工的服务及管理能力。例如,广东美的电器股份有限公司利用微信企业号优化售前、售中、售后的服务管理流程,如让售后工程师通过微信接收工单、查询产品维修记录、现场申请配件、引导消费者使用二维码对服务进行现场评价等。

2. 公众号的注册

通过计算机登录微信公众平台官网,单击右上角的"立即注册"按钮即可按提示完成公众号的注册。需要注意的是,只能使用未绑定微信的邮箱进行公众号注册。注册完成后,登录邮箱查看邮件,并激活公众号账号。激活账号的链接在 48 小时内有效,超过时效后需要重新注册。注册公众号时,可根据公众号的用途,选择具体对应的类型,如果无法提供企业、媒体、政府、其他组织类型信息登记部分的资料,则建议选择注册个人类型的公众号。

3. 公众号的文章编辑

单击公众号后台左侧导航栏的内容与互动，在下拉栏里包括草稿箱、素材库、发表记录、原创，单击进入草稿箱，右边出现内容编辑框，单击编辑框中的"新的创作"，可进行新的文章编辑。

图片、语音、视频等素材通过素材库上传后，添加至创作即可。

4. 公众号后台的数据统计

公众号增加了数据统计功能。公众号运营者能在后台看到包括用户数增减、用户身份属性、图文消息阅读人数、消息分享转发人数等方面的数据统计。用户可以此了解公众号的实际运营效果。

技能训练 4-3　熟悉微信公众号文章编辑器

了解当前的几款主流公众号文章编辑器，熟悉它们的主要特点、优势及应用方向，并将它们记录在表 4-5 中。

表 4-5　公众号文章编辑器分析

学号/姓名：

工具名称	主要特点、优势	应用方向
秀米图文排版		
135 编辑器		
I 排版		
长颈鹿编辑器		

三、App 的应用

1. App 发展现状

App 是指应用程序或软件，由于智能手机的普及，App 现在主要指为智能手机开发的一类应用程序。

随着智能手机和 iPad 等移动终端设备的普及，人们逐渐习惯了使用 App 上网。App 极大地方便了人们的生活与工作，为网络时代的用户带来了全新的体验。

目前 Android 和 iOS 是移动市场的两大主流系统，但是 Android 应用所需的成本更高，开发难度更大，这也是很多开发人员选择 iOS 操作系统的原因之一。但如果一款移动 App 想要获得成功，就必须占领 Android 和 iOS 这两个市场。

目前国内各大电商都开发了自己的 App，越来越多的互联网企业及电商平台把 App 作为销售的"主战场"之一，这意味着 App 的商业应用已经初露锋芒。调查数据表明，

App 给移动电商带来的流量远远超过了传统互联网（PC 端）的流量，通过 App 进行盈利也是各大电子商务平台的发展方向。事实表明，各大电子商务平台向移动 App 的倾斜是十分明显的，原因不仅仅是移动终端增加的流量，更重要的是移动终端的便捷，为企业积累了更多的用户。

2. App 营销的主要特点

1）低成本。相对于电视、报纸甚至是网络，开展 App 营销的费用要低得多。只要开发一个适合本品牌的应用即可，当然还会有一定的推广费用，但这种营销模式的营销效果是电视、报纸和网络所不能代替的。

2）高精准。App 本身就是一种实用性很强的工具。用户一般会通过选择合适类别的 App 来解决一些生活、学习、工作的问题，这种分类本身就可以帮助企业精准地锁定有需求的目标群体。另外，企业可以根据手机品牌、机型、价位、地域、电信运营商等情况，有针对性地将目标群体可能感兴趣的广告内容推送给用户，从而实现精准化广告传播。

3）易传播。App 可以将手机位置化"签到"与朋友圈、微博分享结合，融入营销活动中，使线上的活动通过"一键分享"扩散传播范围，让传播力度呈几何级数增长。

4）强黏性。手机是目前唯一不受时间场合限制的"媒体"，随身携带，使用方便。人们可以随时随地打开 App，运行手机上的 App，在不同的场合使用不同的 App，充分利用碎片化的时间，深度熟悉 App 的功能和价值。很多功能强大的 App 会使商家与用户之间建立良好的互动关系，促使用户持续性使用，强化了用户对 App 的黏着性和依赖感。

5）可交互。App 之所以被用户下载到手机，是因为其有吸引用户的地方。用户主动且积极地参与到 App 的营销活动中。在这种情况下，App 的信息及利用 App 开展的营销活动，一般会被用户潜移默化地接收。另外，App 为商家与用户个人之间建立了便捷的交流平台，使用户厌恶或喜爱的样式、格调和品味被商家一一掌握，这对商家设计产品大小、样式、定价、推广方式、服务等具有重要意义。

第五节　大数据技术

一、大数据的概念与特点

大数据的出现开启了大规模生产、分享和应用数据的时代，能让人们通过对海量数据进行分析，以一种前所未有的方式获得全新的产品、服务或独到的见解，最终形成变革之力，实现重大的时代转型。云计算是大数据探索过程中的动力源泉。对大数据进行检索、分析、挖掘、研判，得到数据背后隐藏的价值。大数据正在改变人们的生活及理解世界的方式，正在成为新发明和新服务的源泉。全球数据总量如图 4-1 所示。

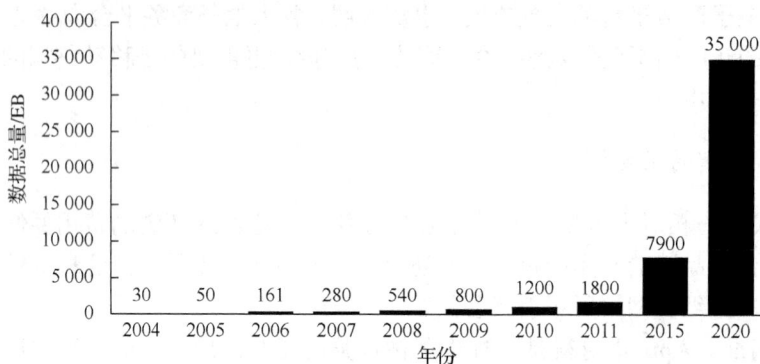

图 4-1　全球数据总量

何为大数据？大数据又称巨量数据，是指无法在可承受的时间范围内用常规软件工具进行捕捉、管理和处理的数据集合。只有使用新处理模式才能具有更强的决策力、洞察发现力和流程优化能力，处理海量、高增长率和多样化的信息资产。

大数据已经渗透到每个行业和业务职能领域，并成为重要的生产因素。目前工业界普遍认为大数据具有 5V+1C 的特征：大量（volume）、多样（variety）、高速（velocity）、价值（value）、准确性（veracity）和复杂（complexity）。

二、大数据在电子商务领域的应用场景

大数据的应用场景包括各行各业对大数据处理和分析的应用的核心是用户个性需求。电子商务是最早利用大数据进行精准营销的行业，电子商务网站内的推荐引擎会依据客户历史购买行为和同类人群购买行为进行产品推荐，推荐的产品转化率一般为 6%～8%。电子商务的数据量足够大，数据较为集中，数据种类较多，其商业应用具有较大的空间，包括预测流行趋势、消费趋势、地域消费特点、客户消费习惯、消费行为的相关度、消费热点等。依托大数据分析，电子商务可帮助企业进行产品设计、库存管理、计划生产、资源配置等，有利于推进精细化大生产、提高生产效率、优化资源配置。

零售业大数据应用有两个层面。一个层面是了解客户的消费喜好和趋势，进行商品的精准营销，降低营销成本。例如，记录客户的购买习惯，对于一些日常的必备生活用品，在客户即将用完之前，通过精准广告的方式提醒客户进行购买，或者定期通过网上商城送货，既帮助客户解决了问题，又提高了客户体验。另一个层面是依据客户购买的产品，为客户提供可能购买的其他产品，扩大销售额，这也属于精准营销范畴。例如，通过客户购买记录，了解客户对于关联产品的购买喜好，将与洗衣服相关的产品，如洗衣粉、消毒液、衣领净等放到一起进行销售，提高相关产品销售额。另外，可以通过大数据掌握未来的消费趋势，有利于热销商品的进货管理和过季商品的处理。

三、大数据的典型商业应用——用户画像与精准营销

随着大数据时代的到来，人们在互联网上的一切行为对企业来说似乎都无从隐形。通过用户浏览了哪些网页、搜索了哪些关键字，到购买了什么商品、留下了什么评价，企业可以收集汇总用户信息。如何将庞杂的数据转换为商业价值，成为企业越来越关注的问题。面对高质量、多维度的海量数据，如何建立精准的用户模型显得尤为重要，用户画像的概念也应运而生。

用户画像即用户信息的标签化，是企业通过收集、分析用户数据后，抽象出的一个虚拟用户，可以认为是真实用户的虚拟代表。用户画像的核心工作就是为用户匹配相符的标签，通常一个标签被认为是人为规定的高度精炼的特征标识。那么，该如何创建用户画像呢？一般可以通过数据收集、标签设定、用户建模这 3 个步骤来建立一个用户画像。

1. 数据收集

用户数据应该来源于所有用户的所有相关数据。这些数据一般可大致分为静态信息数据和动态信息数据。静态信息数据是指一般不会变动的用户数据，如性别、年龄、地域、消费等级、职业等信息，这些信息一般自成标签。动态信息数据是指用户不断更新变化的行为数据，如浏览商品、搜索关键字、发表评论等。有时根据应用需求还须引入外部数据来丰富用户画像的内容。

2. 标签设定

要从业务场景出发，通过分析数据，实现数据商业变现。在特定场景下，为用户贴上不同的标签，以表示用户对某些内容或产品有兴趣或有关注。

3. 用户建模

综合各种标签建立用户模型。用户模型本质上是一个数学模型，这个模型表示企业如何理解用户。根据用户画像建立模型后，需要在实践中检验，并且不断地完善、丰富这个模型，以得到对用户精准的描述。

正确地运用用户画像，可以帮助企业更好地理解用户群的差异化特征，并根据这些特征提供有针对性的产品和服务，做到精准营销。

本 章 小 结

全面建设社会主义现代化国家，是一项伟大而艰巨的事业，前途光明，任重道远。当前，世界百年未有之大变局加速演进，新一轮科技革命和产业变革深入发展，国际力量对比深刻调整，我国发展面临新的战略机遇。

随着计算机和网络技术的迅猛发展，电子商务已经渗透到人们工作和生活的方方面

面，让数字信息时代的每个人、每个企业、每个组织都无法忽视或回避它所带来的风险和挑战。

1. 信息技术日新月异，商业变革高潮迭起

数字信息技术和互联网的发展是驱动商业变革的深层动力。当世界上第一台计算机问世时，没有人意识到此后蓬勃发展的信息技术将如此深刻而广泛地影响整个世界。信息技术不仅自身已发展成为一个欣欣向荣的产业，还以迅猛的速度改变着人们工作和生活的各层面。信息技术的每次变革都将对商业活动带来深远而持久的影响。商务与技术融合的趋势日益明显。

进入 21 世纪后，随着高科技产品、服务和解决方案不断推陈出新，信息化应用逐渐贴近业务需求。信息技术与业务呈现出日益融合的趋势，信息技术日益深入地渗透到供应、研发、设计、生产及销售、管理等业务环节。可以说，随着信息技术的日新月异，商业模式创新的高潮必将来临。

2. 洞悉社会发展趋势，把握时代机遇和挑战

当大多数人还在为某种变革或潮流是否来临而激烈争论并犹豫不决时，有人已经开始行动了；当潮流已然来临而人们都在懊恼并开始行动时，那些先知先觉者的眼光早已投向了更远的未来。前几年，在很多人还在讨论电子商务时代何时到来时，早就有企业开始了变革；今天，人们已经意识到电子商务时代的来临时，有些企业早已享受到互联网带来的成果；而当人们正全力进军互联网时，又有人开始关注 Web 2.0、移动电商等新概念。社会潮流的变化让人们应接不暇，只有那些能够洞悉趋势并勇于行动的人才能始终走在时代前列。现在早已无须讨论电子商务要不要做这一问题，而是要思考：明天的电子商务会给人们带来怎样的变化？人们如何才能顺势而为，牢牢握住新的机遇和挑战？

同 步 训 练

一、单选题

1. 按照通信距离的远近或地域覆盖范围的大小，通常将计算机网络分为（　　）。
   A. 局域网、城域网、广域网　　　　　B. Web、Internet、局域网
   C. 局域网、Internet　　　　　　　　D. Internet、Web、局域网
2. 域名缩写为.edu，是（　　）机构的缩写。
   A. 政府　　　　B. 商业　　　　C. 教育　　　　D. 非营利组织
3. 微信是腾讯于（　　）年推出的一个为智能终端提供即时通信服务的免费应用程序。
   A. 2009　　　　B. 2011　　　　C. 2010　　　　D. 2012

4. 公众号主要有（　　）几种类型。

    A. 微信私人号、微信企业号

    B. 微信订阅号、微信服务号、微信企业号

    C. 微信订阅号、微信服务号

    D. 微信订阅号、微信百家号

5. App 主要指为智能手机开发的一类（　　）。

    A. 应用程序或软件　　　　　　　　B. 终端

    C. 网址　　　　　　　　　　　　　D. 网页

6. 目前 Android 和 iOS 是移动市场的两大主流系统，但是（　　）应用所需的成本更高，开发难度更大，这也是很多开发人员选择（　　）操作系统的原因之一，但如果一款移动 App 想要获得成功，就必须占领 Android 和 iOS 这两个市场。

    A. Android　iOS　　　　　　　　B. iOS　Android

    C. Android　Android　　　　　　　D. iOS　iOS

7. TCP/IP 协议规定，每个 IP 地址由（　　）组成。

    A. 网络地址和端口地址　　　　　　B. 网络地址和主机地址

    C. 网络地址和协议地址　　　　　　D. 主机地址和协议地址

8. 云技术可以使人们将视频、照片等上传至云服务器，到哪里都可以下载使用。这些是利用云计算的（　　）功能。

    A. 网络存储　　　B. 业务访问　　　C. 统筹管理　　　D. 会话层

9. 城市银行的计算机之间的网络属于（　　）。

    A. 局域网　　　　B. 城域网　　　　C. 广域网　　　　D. 其他

10. 在电子商务中，（　　）是公司在 Internet 上的标志和形象。

    A. 地址　　　　　B. 网络号　　　　C. 域名　　　　　D. 电子邮箱

二、判断题

1. 域名采用分级结构，由利用"."分割的多个字符组成，越靠左边的域名，其级别越高，最左边的域名为一级域名。　　　　　　　　　　　　　　　（　　）

2. 用户画像即用户信息的标签化，是企业通过收集、分析用户数据后，抽象出的一个虚拟用户，可以认为是真实用户的虚拟代表。　　　　　　　　（　　）

三、思考题

微信已成为全民应用的 App，那么如何使用微信实现变现？微信商业化的方式有几种？分别是什么？（至少说出 3 种）

第五章
网 上 支 付

知识目标

1. 掌握网上支付的概念与种类。
2. 理解网上银行的主要模式及特点。
3. 理解第三方支付平台的主要盈利模式。

能力目标

1. 能够完成网上支付流程。
2. 能够掌握网上银行的主要业务内容。
3. 能够使用第三方支付平台的主要功能。

素质目标

1. 具备资金安全意识。
2. 具有独立思考问题、构建新事物框架的思维能力。

思政目标

1. 诚信交易，守法合规经营。
2. 谨慎对待各类互联网金融风险，理性看待互联网理财产品。
3. 理性消费，面对日益便捷的消费、信贷渠道，有量入为出的健康消费观。
4. 珍惜信用记录，远离网络资金诈骗与高利贷。

◻▪◻ 引言 ▬▬▬▬▬

　　网上支付系统是电子商务极其重要的组成部分，是关系到电子商务健康发展的核心要素。在电子商务交易中，如何管理好支付环节、降低交易风险、实现安全交易，是买卖双方共同关注的敏感问题。支付从来都是商业活动中最让人关注的问题。我国的网上支付从无到有一直都在飞速发展。近年来，随着智能手机及移动支付的出现，除了传统的支付市场格局，网上支付的内涵也在发生深刻的变化。

第五章　引导案例

第一节　网上支付概述

一、网上支付的概念

　　据 CNNIC 统计：截至 2020 年 12 月，我国网上支付用户规模达到 85 434 万，较 2020 年 3 月增长 8644 万（图 5-1）。

　　电子支付是指用户通过电子终端，直接或间接向银行业金融机构发出支付指令，以实现货币支付与资金转移的行为。根据使用终端的不同，电子支付分为网上支付、电话支付、移动支付、数字电视支付、POS 机刷卡支付、自助服务终端支付等多种形式。电子支付由客户、商家、客户开户行、商家开户行、支付网关、银行专用网、认证中心 7 个部分组成。

　　网上支付又称网络在线支付，是电子支付的一种主要形式，是指通过台式计算机、笔记本计算机等设备，依托互联网发起支付指令，实现客户和商家、商家和商家之间的资金清算、查询统计、资金转移的行为。

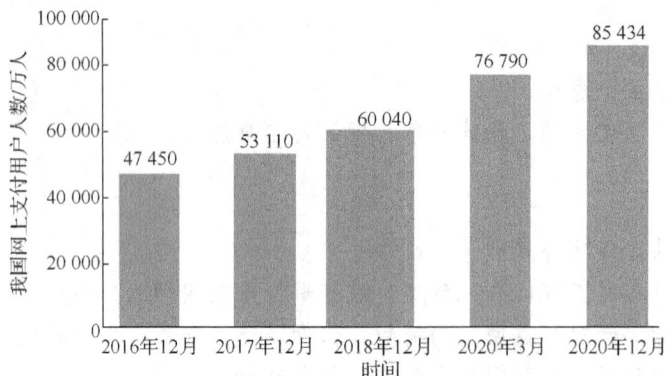

图 5-1　网上支付用户规模

二、网上支付的主要种类

广义的网上支付包括直接使用网上银行进行的支付和通过第三方支付平台间接使用网上银行进行的支付。狭义的网上支付仅包括通过第三方支付平台实现的支付。在一般的报告文档中，网上支付仅指通过第三方支付平台实现的支付。根据支付主体及支付设备的不同，网上支付可以分为网上银行直接支付和第三方支付两种方式。目前第三方支付已经成为主流的应用方式。

第三方支付是指独立于商家和银行，为商家和客户提供支付结算服务的机构。我国第三方支付的代表企业有支付宝、财付通、银联商务、壹钱包、快钱、京东支付等。互联网金融行业网络理财及线上信贷的快速增长带动了我国第三方支付规模的增长。

第二节　网　上　银　行

网上银行又称网络银行或在线银行，是指银行利用 Internet 技术，通过在 Internet 上建立的网站，向客户提供开户、查询、对账、行内转账、跨行转账、信贷、网上证券、投资理财等传统服务项目，使客户足不出户就能够安全便捷地管理活期和定期存款、支票、信用卡及个人投资等。可以说，网上银行是在 Internet 上的虚拟银行柜台。

网上银行又被称为"3A 银行"，因为它不受时间、空间限制，能够在任何时间（anytime）、任何地点（anywhere）、以任何方式（anyway）为客户提供金融服务。与传统银行相比，网上银行不受时间、网点和地域的限制，可大大降低营业成本。

从全球范围看，为了满足客户对金融服务随机性、便捷性的要求，各国网上银行正在努力开展金融创新，促使新兴的在线金融服务层出不穷。

一、网上银行的主要模式

1. 完全基于 Internet 的全新电子银行

完全基于 Internet 的全新电子银行是一种虚拟银行,它没有传统银行那样的营业网点、职员和大厅,只有一个网址。当用户进入银行主页,可以在选单的提示或向导的指引下完成全部服务过程。1995 年 10 月,全球第一家网上银行——安全第一网络银行(Security First Network Bank,SFNB)在美国诞生,总部设在美国亚特兰大市。这家银行没有总部大楼、营业部,只有网址和 10 名员工,营业厅就是计算机画面,所有交易都是通过网络进行的。在 SFNB 开业的短短几个月内,就有近千万人次上网浏览,虽然其存款额在全美银行界是微不足道的,但它的存在证明了一种理想的实现,给世界金融界带来了极大的震撼。

2. 传统银行建立的银行网站

现有传统银行利用 Internet 在网上建立银行网站并提供各种服务,既具有传统银行的业务功能,又具有新拓展的业务功能。这种银行具有传统银行柜台交易服务和网上服务两种形式,满足了不同细分市场的需要,可同时在两个市场获得效益。目前,世界上大多数国家和地区的银行以这种模式发展网上银行业务。

二、网上银行的主要特点

网上银行与传统银行相比,在运行机制和服务功能方面都具有不同的特点。网上银行的主要特点如下。

1. 便利性

网上银行是一种虚拟的金融服务机构,使银行网络从物理网络转向虚拟数字网络。在数字网络环境的支持下,客户只需要在家中或办公室里登录银行主页,点击自己所需的服务项目即可完成开户、存取款和转账等手续。相比之下,传统银行提供的服务受到时空的严格限制。

2. 服务个性化

网上银行可以突破地域和时间的限制,提供个性化的金融服务产品。传统银行的营销目标一般只能细分到某一类客户群,难以进行一对一的客户服务。网上银行可从金融服务价值链中获取价值,在对银行的内部管理体制进行改革后,建立和完善一个将市场信息和管理决策迅速而准确地在市场人员和管理部门之间互相传递的机制,将"客户中心主义"融入银行经营的全过程,在低成本条件下实现高质量的个性化服务。

3. 运行成本低

传统银行的销售渠道是其下属的分行和广泛分布的营业网点。网上银行的主要销售渠道是计算机网络系统及基于计算机网络系统的代理商，这种直接的营销方式与传统银行的销售渠道有着本质的区别，使传统模式中的大量分支机构和营业网点逐渐被计算机网络系统及基于计算机网络系统的前端代理人和作为网络终端的个人计算机取代，可以节省巨额的场地租金、室内装修、照明及水电费用等。网上银行只需雇用少量工作人员，因此人工成本也随之迅速下降。

4. 盈利模式多元化

传统商业银行发展的动力来自获取资金利差的盈利，这种单一结构的盈利模式随着网上银行的出现而发生了根本改变。网上银行为商业银行通过信息服务拓展盈利机会提供了一条重要的渠道。在网上银行时代，商业银行的信息既是为客户带来利益的重要保障，又是商业银行自身盈利的重要资源。

5. 货币存在形式发生本质变化

传统的货币形式以现金和支票为主，而网上银行流通的货币将以电子货币为主。电子货币不仅能为商业银行节约使用现金的业务成本，还可以减少资金的滞留和沉淀，加速社会资金的周转，提高资本运营的效益。同时，基于网络运行的电子货币还可以为政府税收部门和统计部门提供准确的金融信息。

三、网上银行的业务

网上银行的业务主要有个人网上银行、企业银行、信用卡业务、电子支付、国际业务及信贷业务等。

1. 个人网上银行

个人网上银行是指通过互联网为个人用户提供账户查询、转账汇款、投资理财、在线支付等金融服务的网上银行。例如，中国工商银行的"金融 e 家"，用户可以通过个人网上银行的网页或 App，在任何时间处理银行业务，如转账、理财、账户查询等，还可以通过特色专区享受生活缴费、话费充值、纳税等多样化的服务。

2. 企业银行

企业银行为企业或团体提供综合账户业务。具体业务包括：查阅本企业或下属企业账户的余额和历史业务情况；划转企业内部各单位之间的资金；核对调节账户，进行账户管理等服务；电子支付职工工资；了解支票利益情况，进行支票挂失；将账户信息输入空白表格软件或打印每日资产负债表报告、详细业务记录表、银行明细表之类的各种金融报告或报表；通过互联网实现支付和转账等功能。例如，中国银行推出的"企业在线理财"就属于企业银行业务。

3. 信用卡业务

信用卡业务包括网上信用卡的申办、账户查询、收付清算等功能。网上信用卡与传统的信用卡系统相比，网上信用卡系统更便捷。例如，用户可通过 Internet 在线办理信用卡申请手续，持卡人可以通过网络查询用卡明细，银行可定期通过电子邮件向用户发送账单。

4. 电子支付

电子支付提供数字现金、电子支票、智能卡、代付或代收费等网上支付服务，以及各种企业之间的转账或个人转账服务。例如，同一客户的不同账户之间的转账，包括活期账户转定期账户、活期账户转信用卡、信用卡转定期账户、银行账户与证券资金账户之间的资金互转等。电子支付工具包括电子现金、电子钱包、电子支票等。

微课 5-1 电子支付怎么做

5. 国际业务

国际业务包括国际收支的网上申报服务、资金汇入和汇出等。目前，国内企业可向中国银行总行申请办理国际收支申报业务。

6. 信贷业务

信贷业务包括信贷利率查询、企业贷款或个人小额抵押贷款申请等。银行可根据用户的信用记录决定是否为用户提供借贷服务。

技能训练 5-1 网上银行功能调研

访问两家网上银行，调查其开通网上业务的主要程序，掌握其主要功能，了解其主要的安全策略，并对调查结果进行必要的分析和判断，将结果填入表 5-1。

表 5-1　网上银行功能分析

调研时间：　　　　　　学号/姓名：

序号	网上银行	主要开通程序	主要功能	安全策略
1				
2				
调研结论				

第三节　第三方支付

一、第三方支付平台概述

第三方支付平台是指与银行签约，并具备一定实力和信誉保障的第三方独立机构提供的交易支付平台。第三方支付平台通过与银行的商业合作，以银行的支付结算功能为基础，向政府、企业、事业单位、个人提供中立、公正、面向其用户的个性化支付结算与增值服务。在通过第三方支付的交易中，买方选购商品后，使用第三方支付平台提供的账户支付货款，由第三方支付平台通知卖家货款到达、进行发货；买方检验物品后，通知第三方支付平台付款给卖家；第三方支付平台将款项转至卖家账户。

国内常用的第三方支付平台主要有支付宝、贝宝（PayPal）、易支付、财付通、环迅、网银在线、云网、快钱、易宝、汇付天下等，其中用户规模最大的是支付宝。据统计，截至 2022 年 6 月，支付宝全球实名用户超过 12 亿。目前，第三方支付平台正在朝着深入传统行业、开拓海外市场、加大诚信建设等方向发展。

二、第三方支付平台的盈利模式

1. 手续费

手续费是第三方支付平台传统的盈利模式。第三方支付平台在每个环节都会收取少量的手续费以赚取利润。手续费主要包括两个方面：一是商家获准使用支付工具的租金；二是交易的手续费。第三方支付平台服务商的政策各不相同。例如，PayPal 只对企业收费而不对个人收费；而支付宝对商家收费，对买家免费。对于个人用户，支付宝按照用户性质不同制定了不同的收费标准。支付宝对于已经通过实名认证的用户，规定每人每年可享受 2 万元的免费提现额度，对于超出额度部分则按金额的 0.1%收费；未通过实名认证的用户则无法享受免费提现额度，直接按照金额的 0.1%收费。

2. 利息收入

第三方支付平台从收到资金到把资金转拨到商家账户上，有一个时间间隔，因而形成资金沉淀。第三方支付平台可以在这期间进行资金方面的运作，形成利息等收入。例如，支付宝 2019 年"双十一"期间的交易额超过 2684 亿元，而这些资金在平台上会暂留一周左右的时间，这样一来，沉淀资金所能产生的利息额就会非常可观。

3. 广告收入

第三方支付平台往往拥有稳定的用户基础，因此，广告费用是其重要的盈利来源之一。例如，支付宝平台上发布的广告针对性强、种类和数量多。

三、第三方支付平台的形式

我国第三方支付平台主要有两种形式：第一种是依托大型 B2C、C2C 电子商务网站的非独立性支付工具，如支付宝等；第二种是整合了网上支付、电话支付、移动支付等多种支付手段的支付工具，如银联网上支付等。

（一）支付宝

1. 支付宝简介

支付宝是国内领先的第三方支付平台，由阿里巴巴在 2004 年 12 月创立，致力于提供简单、安全、快速的支付解决方案。目前，中国工商银行、中国农业银行、中国建设银行、招商银行、上海浦发银行等各大商业银行，以及中国邮政、VISA 国际组织等各大机构均与支付宝建立了战略合作。建立至今，支付宝及支付宝钱包已经成为线上及线下众多商家首选的支付解决方案，为连接亿万用户及商家提供了基础的资金流服务。支付宝可以实现即时到账、卡通服务、充值、支付、提现、理财等功能。

2. 支付宝使用流程

1）注册流程，如图 5-2 所示。

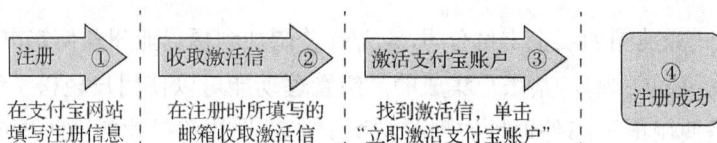

| 注册 ① | 收取激活信 ② | 激活支付宝账户 ③ | ④ 注册成功 |
| 在支付宝网站填写注册信息 | 在注册时所填写的邮箱收取激活信 | 找到激活信，单击"立即激活支付宝账户" | |

图 5-2　支付宝注册流程

2）支付流程，如图 5-3 和图 5-4 所示。

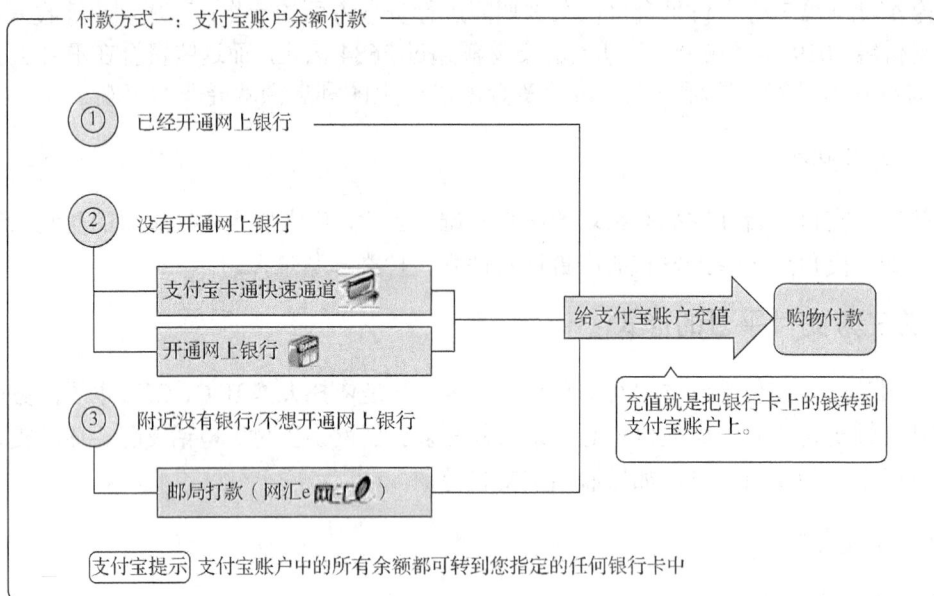

图 5-3　支付宝支付流程（1）

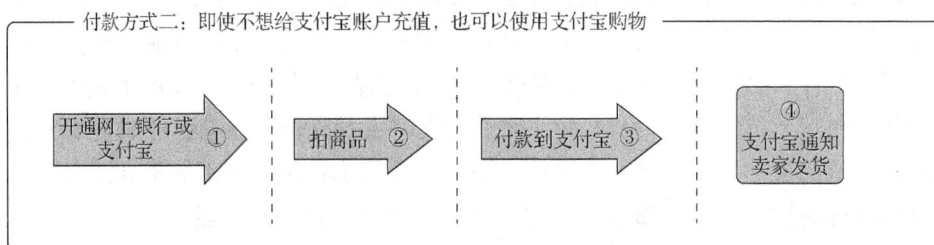

图 5-4　支付宝支付流程（2）

（二）PayPal 电子支付

PayPal 是一家美国的线上支付公司，总部在美国加利福尼亚州圣何塞市，成立于 1998 年，2002 年被 eBay 收购，其账户集成的高级管理功能可以使用户轻松了解每笔交易详情。PayPal 是使用电子邮件地址实现跨国买卖在线收款和付款的一种即时清算支付方式，其服务构建在现有的银行账户和信用卡的金融结构之上。

（三）PayPal 与支付宝的比较分析

1）从特点看，PayPal 的通用货币有 6 种，而支付宝以人民币结算。PayPal 是保护买方方针，支付宝是偏向卖家方针，也就是说，PayPal 从买家角度考虑问题，只要买家有任何不满意而提出异议，卖家就无法拿到钱；支付宝超过时效就钱货两清。PayPal 是一个将会员分等级的机构，对高级账户收取手续费，其利益保障更牢靠；支付宝则不存在等级。PayPal 账户存在纠纷会导致账户永久性关闭，因此卖家是很谨慎的；而支付宝不会轻易永久性关闭账户。

2）从支付流程看，PayPal 和支付宝有异曲同工之处，但支付宝的支付流程比 PayPal 的支付流程更安全。PayPal 是先交款后发货，而支付宝是先发货、验货，然后交款。但是 PayPal 的支付信用调查很严密。美国的信用记录比较健全，一旦出现不良信用记录，对于个人来说就很严重。支付宝的支付流程更能减少用户网上支付的安全顾虑。

四、移动支付

1. 移动支付简介

移动支付是指在商务处理流程中，基于移动网络平台，随时随地利用现代智能设备，如手机、PDA、笔记本计算机等工具，为服务商务交易而进行的资金流动。简言之，移动支付就是允许移动用户使用其移动终端（通常是手机）对所消费的商品或服务进行账务支付的一种服务方式。

随着手机用户的增加和移动通信技术的发展，人们越来越多地利用手机开展商务活动。从早期的短信到现在的多媒体信息、移动游戏、移动购物等，出现了各种各样的移动门户，移动电商已经成为电子商务的重要发展方向，与此相关的移动支付也越来越受到重视。

2. 移动支付的优势

1）安全可靠。移动通信网络具有很强的可控制性、可管理性及网络智能性，使支付更容易被控制，使用户被欺诈的概率大大降低；移动支付需要实时随机认证，降低了用户被欺诈的可能性；手机具有定位功能，有助于用户识别欺诈。

2）方便快捷。移动支付真正地做到了随时随地，只要有手机信号的地方就可以进行支付。相对于计算机而言，开启手机的时间很短，而用户一般也始终保持开机状态，这有利于用户对支付信息的即时响应。

技能训练 5-2　第三方支付平台用户体验

访问第三方支付平台（如支付宝、财付通等），注册并登录后，利用支付工具快捷支付购买一件礼品，并与网络购物的其他支付方式进行比较，将调查与分析结果填入表 5-2。

表 5-2　第三方支付平台使用体验

调研时间：　　　　学号/姓名：

序号	支付方式	主要支付流程	优劣分析	备注
1	网上银行支付			
2	第三方支付			
3	货到付款支付			
调研结论				

本 章 小 结

网上支付不仅是电子商务的重要内容，还是信息时代的重要特征。熟练掌握网上支付、电子支付的新方法、新手段，不仅是现代商务人士提高工作效率的需要，还是网络时代人们提升生活品质的必由之路。通过本章的学习，我们可以得出如下结论。

1）网上银行就在你身边。网上银行是虚拟的，它给人们带来超越时空的理财新时尚；网上银行又是实实在在的，它提升了传统银行的品牌形象，为传统银行带来高品质的客户和潜在的利益。人们在不知不觉中已经进入鼠标支配生活的时代，不用排队，只要点击就可以安全、快捷地完成银行业务，既免去了路途劳顿的辛苦，又不用担心错过重要信息。网上银行给人们的生活带来了前所未有的便捷。

2）为你的网上银行加一把安全锁。一方面，网上银行给人们生活带来了很大便利，使越来越多的人习惯利用网上银行进行账户查询、转账和支付；另一方面，由于互联网的开放性，在线交易安全也不断受到来自各方的挑战。没有网络银行，人们会觉得生活少了便利；而日益增多的网银盗窃案，又让人们不禁为自己的钱包担忧。因此，有必要为你的网上银行加一把安全锁，即多一点安全意识、多一些安全防范。

3）第三方支付平台作为电子商务实现的重要工具，是交易过程中必不可少的一环。随着移动电商的进一步普及，相应的移动支付份额也越来越大。用户在使用移动支付时要有安全意识，在享受移动支付便利的同时，要防范各类诈骗及安全风险。

同 步 训 练

一、单选题

1. 网上银行的主要特点不包括（　　）。
   A. 便利性　　　　　　　　　　B. 服务个性化
   C. 运营成本高　　　　　　　　D. 盈利模式多元化

2. 全球第一家网络银行产生于（　　）年。

    A．1980   B．1990   C．1995   D．1993

3. 广义的网上支付包括通过网上银行的支付和（　　）两种。

    A．电话支付   B．移动支付

    C．数字电视支付   D．通过第三方支付平台的支付

4. 关于 PayPal 与支付宝的说法错误的是（　　）。

    A．两者都是第三方支付平台

    B．PayPal 是目前全世界应用最广的第三方支付平台

    C．支付宝是目前全世界应用最广的第三方支付平台

    D．支付宝的流程是先发货、验货然后交款

5. （　　）是最早出现的互联网金融产品。

    A．余额宝   B．百度钱包   C．京东白条   D．微信红包

6. （　　）电子商务行为与其他 3 个不同。

    A．网上购买鲜花   B．网上手机话费充值

    C．网上购买衣服   D．网上购买计算机

二、多选题

1. 第三方电子商务平台与企业自建的电子商务平台相比具有（　　）。

    A．中立性   B．公平性   C．服务性   D．规模性

2. 电子支付系统不包括（　　）。

    A．商家开户行   B．客户开户行   C．银行专用网   D．发行银行

3. 电子支付工具包括（　　）。

    A．电子现金   B．电子钱包   C．电子支票   D．电子流量

4. 网上银行的业务功能有（　　）。

    A．个人网上银行   B．企业银行

    C．信用卡业务   D．国际业务

三、判断题

1. 电子商务的实现必须由两个重要环节组成，一是交易环节，二是支付环节。前者在客户与销售商之间完成，后者需要通过银行网络来完成。 （　　）

2. 财付通是腾讯公司推出的第三方支付平台。 （　　）

第六章
电子商务安全与法律

知识目标

1. 理解电子商务面临的安全威胁。
2. 掌握电子商务安全技术策略。
3. 掌握电子商务法的概念。
4. 掌握电子商务法的立法原则。

能力目标

1. 能够解决电子商务活动基础中的安全威胁。
2. 能够识别主要的交易风险。
3. 能够运用电子商务法律保护电子商务交易的安全。

素质目标

1. 具备安全防范意识。
2. 具有法律意识，懂得运用法律手段保护自己，规范电子商务行为。

思政目标

1. 遵纪守法，合规经营。
2. 未雨绸缪，防范为主。
3. 增强法律意识，了解以宪法为核心的中国特色社会主义法律体系，熟悉国家在重点领域、新兴领域的立法进程，与时俱进。

📖 引言

电子商务除了带给消费者便利、实惠，也带来安全的困扰和交易的风险。虚假促销、网络售假、物流纠纷、信息泄漏、支付安全等投诉时有出现。电子商务越发达，交易安全与风险防范越重要。在从传统的基于纸张的贸易方式向电子化贸易方式转变进程中，如何建立一个安全、便捷、高效的电子商务应用环境，为交易信息提供足够的安全保护，是电子商务健康发展的关键。

自 20 世纪 90 年代以来，国际社会和世界各国都在积极努力地探索，以解决传统法律体制与信息网络时代的矛盾和冲突，从而创造出一个有利于电子商务运行的良好的法律环境。

《中华人民共和国电子商务法》（以下简称《电子商务法》）已由中华人民共和国第十三届全国人民代表大会常务委员会第五次会议于 2018 年 8 月 31 日通过，一共 89 条，已于 2019 年 1 月 1 日起施行。其中对科学合理地界定电子商务经营主体，规范电子商务经营主体权利、责任和义务，完善电子商务交易与服务，强化电子商务交易保障，促进和规范跨境电子商务发展、加强监督管理，实现社会共治等若干重大问题进行了合理规定。

第六章　引导案例

第一节　电子商务安全概述

一、电子商务安全问题的产生

从安全与信任的关系来看，在传统的交易过程中，买卖双方是面对面的，因此在交易过程中很容易建立对彼此的信任及保障交易的安全。在电子商务的交易过程中，买卖双方并不见面，只是通过网络进行联系及交易，因此电子商务中的诚信和安全问题更令人注目。另外，由于互联网具有全球性、开放性、共享性、动态性的特点，任何人都可以自由地接入网络，而电子商务中的一些信息，如个人隐私、商业机密等是不能共享的。互联网的开放性给网络商务信息的机密性所带来的挑战，使网络交易面临的安全问题显得更为突出。

另外，传统商务中的一些欺诈行为正从现实世界转移到虚拟世界，特别是"黑客"可能采取各种手段进行破坏，如窃取商业机密、冒用他人信用卡、篡改订单等。这一系列的隐患都可能危及电子商务交易过程的安全。

二、电子商务面临的安全威胁

（一）源自技术方面的风险

计算机系统在物理安全和逻辑安全方面的隐患主要表现在以下几个方面。

1）开放性。到目前为止，Internet 还没有一个主控机构。用户的网络信息安全在一定程度上依赖用户自身的安全意识和防范能力。

2）操作系统。Internet 底层的操作系统是 UNIX，源代码开放的 UNIX 存在许多漏洞，可能会引发安全问题。

3）电子化信息的弱点。电子化信息的表现形式不但让人很难鉴别其是否正确与完整，而且通过 Internet 传递的信息很难确认信息发出者的身份。信息是否正确无误地传递给接收方、是否被第三方截获，这些问题也很难被确定。

4）技术本身的缺陷。IT 的发展使病毒防范技术、加密技术、防火墙技术等始终存在被新技术攻击的可能性。

（二）源自社会方面的风险

1. 商业风险

根据交易参与者的不同，商业风险可能源自买方，也可能源自卖方。

1）源自买方的信用风险。买方在网络上使用银行卡进行恶意透支，或使用伪造的银行卡骗取卖方的货物、拖延货款等，因此卖方需要为此承担风险。

2）源自卖方的信用风险。卖方不能按质、按量、按时提交买方购买的货物，或不能完全履行与买方签订的合同，因此买方需要为此承担风险。

2. 网络风险

1）信息窃取、篡改与破坏。电子交易信息在网络传输过程中，可能会被他人恶意或意外地删除、改变、伪造、乱序、重放及插入等，从而使信息失去真实性和完整性；网络硬件和软件存在的问题也有可能导致信息在传递中丢失或出现差错；一些恶意程序的破坏可能会导致信息遭到破坏。

2）身份假冒。如果不进行身份识别，第三方就有可能假冒交易方破坏交易、败坏被假冒方的声誉或盗窃被假冒方的交易成果等。

3）诚信安全。电子商务的在线支付形式有电子支票、电子钱包、电子现金、信用卡支付等。采用这几种支付方式时，要求用户先付款，然后商家发货。因此，诚信安全也是影响电子商务快速发展的一个重要问题。

4）交易抵赖。电子商务交易应该与传统交易一样具有不可抵赖性。有些用户可能对自己所发出的信息进行恶意否认，以推卸自己应承担的责任。交易抵赖包括多方面，如发信者事后否认曾经发送过某条信息或内容，收信者事后否认曾经收到过某条信息或内容，买家下了订单却不承认，卖家售出的商品因价格差异而不承认原有的交易等。

5）病毒（恶意代码）感染。各种新型病毒及其变种迅速增加，不少新型病毒直接利用网络作为自己的传播途径。例如，蠕虫病毒利用系统漏洞进行自动传播复制，在传播过程中产生巨大的扫描或其他攻击流量，从而使网络流量急剧上升，造成网络访问速度变慢甚至网络瘫痪。

6）黑客攻击。黑客原指一些以获得他人计算机或者网络的访问权为乐的计算机爱好者。一些被称为"破坏者（cracker）"的黑客则怀有恶意，他们会摧毁用户的整个计算机系统，窃取或者损害保密数据，修改网页，甚至最终导致业务中断。一些业余水平的黑客只会在网络上寻找黑客工具，在不了解这些工具的工作方式和具体后果的情况下使用这些工具。

3. 法律风险

电子商务要承担一定的法律风险。

1）电子合同、电子单证问题。网络交易存在的问题，很多涉及电子合同、电子单证的合法性。

2）知识产权保护问题。这类问题主要涉及域名抢注、域名变异、域名窃取等。

3）网络犯罪问题。网络犯罪属于一种"虚拟"犯罪，具有难发现、难捕捉、难取证、难定罪的特点，是一个存在很多不确定性的领域。例如，在网络上可能出现以低价出售或高价拍卖盗窃、诈骗、抢劫等犯罪得来的赃物等犯罪问题。

（三）源自管理方面的风险

统计资料表明，很多信息安全问题来自企业内部。严格的管理是降低电子商务交易风险的重要保证，尤其是在网络中介交易过程中，交易中心不仅要监督买方按时付款，还要监督卖方按时提供符合合同要求的货物。

尽管电子商务面临的安全威胁来自不同的渠道、不同的层面，但作为电子商务交易的参与方，主要应从技术安全和交易安全两个方面，不断强化人们的安全意识，提高风险防范能力。

微课 6-1　电子商务安全

第二节　电子商务安全技术策略

电子商务安全是一项复杂的系统工程，需要从技术和立法等方面加以保障。电子商务的安全性策略可以分为两大部分：一是计算机网络安全，二是商务交易安全。电子商务安全技术主要有数据加密技术、数字签名技术、认证机构和数字证书、安全认证协议及其他安全技术，如防火墙技术、计算机病毒防范技术等。下面主要介绍与网络交易主体关系密切的防火墙技术和计算机病毒防范技术。

一、防火墙技术

网络防火墙（即通常提及的硬件防火墙）通常作为企业网络边界的关键点，用以强化网络之间的访问控制，是在两个或多个网络之间实施安全策略的访问控制系统。人们通常将受防火墙防护的网络区域称为可信任区域，而将其他区域称为不可信任区域。在企业网络中，常见的防火墙一般部署在企业 intranet 与 extranet 之间、企业关键部门与其他部门之间。防火墙的主要功能是在这两种不同信任区域的边界严格按照安全控制策略执行信息过滤。

电子商务中网络节点的安全性依靠防火墙来保证。防火墙是保证 Internet 连接 intranet 安全有效的方法。防火墙能够有效地监视网络的通信信息，并记忆通信状态，从而做出允许或拒绝等正确的分析和判断。人们可以通过灵活有效地运用这些功能，制定正确的安全策略。

防火墙不仅是路由器、堡垒主机或任何提供网络安全的设备的组合，还是电子商务安全策略的一个组成部分。安全策略是一种用来保护机构信息资源安全的全方位的防御体系，它包括规定的网络访问与服务访问、当地和远程的用户认证、拨入和拨出、磁盘和数据加密、病毒防护措施及管理制度等。所有可能受到网络攻击的地方都必须以同样的安全级别加以保护。

二、计算机病毒防范技术

（一）计算机病毒的概念

计算机病毒是指人为编制的或在计算机程序中插入的，以破坏计算机功能或毁坏数据为目的的，影响计算机使用并能自我复制的一组计算机指令或程序代码。计算机病毒一般具有以下特征。

1. 传染性

计算机病毒一旦进入计算机系统，就开始寻找准备感染的其他程序或文件。它通过自我复制，很快在其他文件中添加自己的病毒代码，使其带有这种病毒，并成为新的传染源，甚至通过网络传播到其他的计算机上。这是计算机病毒的最基本特征。

2. 隐蔽性

计算机病毒是一些可以直接或间接运行、具有高超技巧的程序，它可以隐藏在操作系统、可执行程序或数据文件中；计算机病毒的存在、传染和对数据的破坏过程不易被计算机操作人员发现。

3. 触发性

计算机病毒的发作一般有一个触发条件，即条件控制。根据病毒编制者的要求，这个条件可以是日期、时间、特定程序的运行或程序的运行次数等。

4. 破坏性

计算机病毒在触发条件满足时，会立即对计算机系统进行干扰或对数据进行恶意的修改。例如，发送一些恶意邮件或者破坏硬盘上的文件，造成数据丢失；有的甚至会损坏计算机硬件，造成系统瘫痪。

（二）计算机病毒的分类

计算机病毒的分类方法较多，主要有以下 6 类。

1. 按计算机病毒依赖的操作系统进行分类

按计算机病毒依赖的操作系统不同，计算机病毒可分为 DOS 病毒、Windows 病毒、UNIX 病毒和 Linux 病毒等。

2. 按计算机病毒特有的算法进行分类

按计算机病毒特有的算法不同，计算机病毒可分为以下 3 类。

1) 伴随型病毒。这类病毒并不改变文件本身，它们根据算法产生 EXE 文件的伴随体，而当计算机加载文件时，伴随体优先被执行，再加载执行原来的文件。

2) "蠕虫"病毒。这类病毒是一种网络病毒，利用网络从一台计算机传播到其他计算机，它们一般不改变文件和资料信息，而是自动计算网络地址，不断复制自身，通过网络发送。

3) 寄生型病毒。除了伴随型病毒和"蠕虫"病毒，其他病毒均为寄生型病毒，它们依附在计算机系统的引导扇区和文件中，利用系统功能进行传播。

3. 按计算机病毒的破坏方式进行分类

按计算机病毒的破坏方式不同，计算机病毒可分为无害型病毒、危害型病毒、危险型病毒和非常危险型病毒。

4. 按计算机病毒的寄生方式进行分类

按计算机病毒的寄生方式不同，计算机病毒可分为以下 3 类。

1）文件型病毒。这类计算机病毒主要以感染文件扩展名为.com、.exe 和.ovl 等的可执行文件为主，它的安装必须借助计算机病毒的载体程序，只有运行计算机病毒的载体程序，才能把文件型病毒引入内存。

2）引导型病毒。这类计算机病毒感染软盘的引导区及硬盘的主引导记录或者引导扇区。它是在 BIOS（basic input/output system，基本输入/输出系统）启动之后、系统引导时出现的计算机病毒，它先于操作系统启动，依托的环境是 BIOS 中断服务。

3）混合型病毒。这类计算机病毒兼具引导型病毒和文件型病毒的特性，可以传染扩展名为.com、.exe 等的可执行文件，也可以传染磁盘的引导区。计算机一旦感染了此类病毒，就会在开机或执行程序时感染其他的磁盘或文件。因此，此类计算机病毒有相当大的传染性，很难清除干净。

5. 按计算机病毒的传染方式进行分类

按计算机病毒的传染方式不同，计算机病毒可分为以下两类。

1）驻留型病毒。这类计算机病毒传染计算机后，会把自身的内存驻留部分放在内存中，将这一部分程序挂接系统调用并合并到操作系统中，使其一直处于激活状态，直到计算机关机或重新启动。

2）非驻留型病毒。这类计算机病毒在得到机会激活时并不传染计算机内存。某些可能在内存中留有小部分，但是这一部分并不进行传染的计算机病毒也属于非驻留型病毒。

6. 按计算机病毒的连接方式分类

按计算机病毒的连接方式不同，计算机病毒可分为以下 4 类。

1）源码型病毒。这类计算机病毒攻击高级语言编写的程序，在源程序编译之前就插入其中，使被感染的源程序在编译、链接和生成可执行文件时便已经带有病毒。

2）嵌入型病毒。这类计算机病毒将自身嵌入现有程序之中，把计算机病毒的主体程序与其攻击对象以插入方式进行链接，只攻击特定程序，针对性强。

3）外壳病毒。这类计算机病毒将自身依附于正常程序的开头和结尾，对原有程序不进行修改。大部分文件病毒都属于这一种。

4）操作系统型病毒。这类计算机病毒可利用其自身部分加入或取代部分操作系统进行工作，具有很强的破坏性。

（三）计算机病毒的防治

对于计算机病毒的防治可以从以下两个方面进行。

1. 用户方面

计算机病毒的防治要采取"预防为主，防治结合"的方针，关键是做好预防工作。预防工作从宏观上讲是一个系统工程，国家应当健全法律法规来惩治病毒制造者，这样可减少计算机病毒的产生；各级单位应当制定一套具体措施，以防止计算机病毒相互传播；个人不仅要遵守计算机病毒防治的有关规定，还应不断增长知识，积累防治计算机病毒的经验，不制造计算机病毒，不传播计算机病毒。

为了有效地阻止计算机病毒产生的危害，用户要及早发现计算机病毒并将其消除。堵塞计算机病毒传播途径是防止计算机病毒侵入的有效方法。根据计算机病毒传染途径，做一些经常性的计算机病毒检测工作，既可降低计算机病毒的入侵率，又可减少计算机病毒造成的危害。

2. 技术方面

计算机病毒的防治技术是在与计算机病毒的较量中得到发展的。总的来讲，计算机病毒的防治技术可以分为3类，即预防技术、检测技术和清除技术。

1）预防技术。预防技术是指通过一定的技术手段防止计算机病毒对系统进行传染和破坏。预防技术通过自身常驻系统内存优先获得系统的控制权，监视和判断系统中是否有计算机病毒存在，进而阻止计算机病毒进入系统内存或阻止计算机病毒对磁盘进行操作尤其是写操作，以达到保护系统的目的。计算机病毒的预防技术主要包括磁盘引导区保护、加密可执行程序、读/写控制技术和系统监控技术等。

2）检测技术。检测技术是指通过一定的技术手段判定计算机病毒的一种技术。计算机病毒检测技术主要有两种：一种是根据计算机病毒程序中的关键字、特征程序段内容、计算机病毒特征及传染方式、文件长度的变化，在特征分类的基础上建立的计算机病毒检测技术；另一种是不针对具体计算机病毒程序的自身检验技术，即对某个文件或数据段进行检验和计算，并保存其结果，以后定期或不定期地根据保存的结果对该文件或数据段进行检验，若出现差异，则表示该文件或数据段的完整性遭到破坏，从而检测到计算机病毒的存在。

3）清除技术。计算机病毒的清除是计算机病毒检测的延伸，是在发现特定计算机病毒的基础上，根据具体计算机病毒的清除方法从感染的程序中除去计算机病毒代码并恢复文件的原有结构信息。现在很多反计算机病毒软件可同时进行检测和杀毒同时进行。目前常用的反计算机病毒软件有 Norton AntiVirus、KV3000、金山毒霸、瑞星、360安全卫士等。

技能训练 6-1　计算机安全软件的使用

现在有很多防火墙软件和反计算机病毒软件可以让计算机远离恶意软件。在互联网上搜索一款防火墙软件和一款反计算机病毒软件，并进行必要的分析和判断，将结果填入表 6-1。

表 6-1　计算机安全软件的使用情况分析

软件类别	软件名称	官方网址	软件主要功能	评价	备注
防火墙软件					
反计算机病毒软件					
调研结论					

第三节　电子商务交易风险的种类、识别与防范

由于电子商务交易双方往往无须见面，交易安全显得至关重要。电子商务交易主体的身份是否真实？交易各方的通信是否安全？交易的结果是否具有效力？这些都是电子商务安全交易必须面对的问题。如何识别和防范交易过程中出现的各类风险，成为电子商务人士必须考虑的首要问题。

一、电子商务交易风险的种类

电子商务打破了时空的局限，使大量的产品和服务内容信息化，从而降低了沟通传播成本，加快了交易的运作速度。但产生了各种新的风险，如产品识别风险、质量控制风险、网上支付风险、物权转移风险及信息传送风险。

1. 产品识别风险

由于网络的虚拟性，买方有可能得到不真实的样品。在把一件立体的实物缩小许多倍变成平面画片的过程中，商品本身的一些基本信息会丢失，使买方不能从网站的图片和文字描述中得到产品全面、准确的资料。这会给买方带来产品识别风险，这种风险会延伸到产品的性能、质量等方面。

2. 质量控制风险

电子商务中的卖方可能并不是产品的制造者，因此质量控制便成为风险因素之一。如果卖方选择了不当的外包装方式，买方就有可能承担商品破损这一风险。

3. 网上支付风险

作为电子商务过程中的一个环节，支付手段也有所变化。目前，支付安全问题仍然是制约电子商务发展的瓶颈。不少企业和个人仍然担心安全问题而不愿采用网上支付方

式。网上支付除了现实中存在的风险，还存在信心不够、信任缺失的问题。

4. 物权转移风险

电子商务需要建立远程作业方式。到底是先付款还是货到付款，成为人们难以把握的问题。在物权转移过程中也会存在相应的风险管理问题。

5. 信息传送风险

电子商务的主要业务过程建立在互联网基础之上，许多信息要在网络中传送。网络安全或信息安全是电子商务的另一个风险因素。如果因遭受黑客的攻击而使重要的企业信息甚至支付权限被窃取，则其后果会异常严重。

二、电子商务交易风险的识别

针对各种电子商务交易风险，关键的防范措施是准确识别交易风险，特别是交易双方的身份识别。在众多的识别方法中，查询交易记录、权威网站核实、手机号码归属地查询等是互联网上比较实用的风险识别手段。

1. 从信息内容辨别真伪

如果公司介绍太简单，求购意图不明显，地址写得不清楚，预留的公司网站是虚假地址或者虚假电话，则很可能是虚假信息。虽然人们并不能从这些信息中完全断定对方是否作假，但是应该提高警惕。

2. 查询交易记录

通常情况下，可以将对方的公司名称或者店铺名称输入 B2B 电子商务平台或者 C2C 电子商务平台的企业信用记录数据库中，查询对方的信用情况。如果该公司有被投诉的记录，或者好评率不高，则可以选择不与对方交易。在阿里巴巴的企业信用记录数据库中，可以查到很多信用不良的企业被投诉的记录，这可帮助用户判断对方的诚信度。

3. 通过专业网站查询企业信息、风险提示

上网寻找信息时可以选用一些搜索引擎进行搜索。这些搜索引擎功能强大，可为个人用户和企业用户提供搜索服务。借助搜索引擎，用户可以较方便地查到所需要的资料。同样，用户也可以利用这些搜索引擎帮助自己辨别交易对方的真伪。用户可以将对方公司的名称、地址、联系人、手机、电话、传真等信息输入搜索引擎，找到与其相关的信息，据此做出综合判断。也可以利用爱企查等专业的企业信息查询网站来查询相关信息。爱企查是百度旗下的企业大数据平台，依托百度先进的人工智能和大数据技术，提供一站式企业信息查询服务的专业网站。

4. 权威网站核实

要了解交易方的诚信信息，可以通过国家权威部门的网站进行查询，如通过国家市场监督管理总局网站进入各地国家企业信用信息公示系统，可以查到对方公司的工商注册号、法定代表人、公司住所及联系方式等信息，可了解对方公司的真实注册情况。

5. 手机号码归属地查询

在交易双方提供的联系方式中，通常都会留下手机号码。因此，交易方手机号码的归属地可以用来作为核实交易方真实所在地的信息。可以通过中国移动、中国联通和中国电信的官方网站进行查询，也可以通过百度安全平台核实交易方提供信息的真实性。

6. 专业性测试

网络骗子的最终目的是通过网络获取非法收入，因此通常情况下其专业知识是有限的。很多骗子通过格式化的传真或求购函散发类似传单的交易信息。因为没有真实的交易意图，所以他们往往对自己想要交易的产品并不了解，或者了解不多。因此，在与对方沟通的过程中，可以运用自己所了解的产品知识，设定一些问题，测试对方是否了解所交易的产品，进而判断对方交易的真实性。

三、电子商务交易风险的防范

1. 注意账户密码安全

账户密码安全是保证电子商务安全的基础。在设置密码时，应该注意密码长度为8~20位，使用英文字母加数字组合，不要有规律，不要设置成与任何公开的信息一致的密码。输入密码时，建议采用"复制"→"粘贴"方式，并且应定期更改密码。对于不同的账户，要设置不同的密码，不要将重要的资料泄露给他人。不要打开来历不明的邮件、邮件附件和链接，尽量不要在网吧登录电子商务网站或者支付宝等账户。

利用木马病毒盗取他人密码是网络黑客常用的手段。因此，安装正版反计算机病毒软件与防火墙软件、经常查杀木马程序也是防止密码被盗的办法。平时不要访问不正规的网站，或者不要轻易下载免费软件，否则易将木马程序带入自己的计算机。

利用虚假网站盗取用户密码也是网络诈骗的常用手段，俗称网络钓鱼。他们设计、制作与知名网站外表极其相似的网站，并利用极小差异的网站域名欺骗用户。当用户输入自己的账号和密码时，网络骗子就可以轻而易举地取得相应信息，然后在真实的网站行骗或盗取财物。

2. 防止陷入交易陷阱

随着人们电子商务风险防范意识的增强，网络骗子的行骗手段也越来越狡猾。例如，在网络交易中，骗子表面上支持支付宝交易，而当买家下单后，却以各种理由（如走私物品、交税等）推脱，或以不用支付宝交易可以给便宜价格等引诱买家上当。针对种种骗局，人们可以从以下两个方面予以防范。

1）选择可信的交易对象。选择商业信誉好、经营规模大、商业信用度高、用户评价优的交易对象，这样会把交易风险降到最低。对于在本地能交易的商品，应选择同城交易，以便核实对方的真实情况；一旦商品质量有问题或遭受欺诈，与对方交涉也较方便，并可以降低维权成本。在交易时，一旦取得对方的联系方式，就应该及时与对方进行联系。

2）选择可靠的交易平台。选择知名的商家自身设置的网站、网络平台或信誉好的中介网站，对于比较生疏、冷僻的网站要有充分的防范意识，尤其对声称境外的网站更要提高警惕。在进行网上业务时，要通过正确的程序登录网站，直接根据官方或商家正式公布的网址进行登录，避免通过利用搜索引擎找到的网址或其他网站的链接间接进入。

3. 采用第三方平台支付

电子商务业务流程中的三流——信息流、资金流和物流的安全，是促进电子商务发展的关键。作为中间环节的网上（在线）支付，是电子商务流程中交易双方最关心的问题。为了有效保证电子商务支付的安全进行，个人和企业应该利用第三方支付平台进行费用支付。第三方支付是由具备信誉保障的第三方机构提供交易资金托管，在买卖双方通过第三方平台确认收款后通知卖家发货，在头家收货并确认满意后，由第三方平台再汇款给卖家的支付方式。买卖双方都会受到第三方平台的监督。

阅读材料 6-1

第四节　电子商务法律

尽管电子商务的发展突飞猛进，但其在我国的总体起步较晚，仍面临着发展不平衡、不充分的问题，地区差异、城乡差异明显，法律政策环境和市场治理模式有待完善。

一、概念和特征

电子商务法律是政府调整、企业和个人以数据电文为交易手段，通过信息网络所产生的，因交易形式所引起的各种商事交易关系，以及与这种商事交易关系密切相关的社会关系、政府管理关系的法律规范的总称。

电子商务法律具有两个特征，一是以商家的行业惯例为规范标准；二是具有跨越国界、地域的全球化特征。除此之外，电子商务法律作为一个全新领域的法律法规，与传统的商业贸易法律法规相比，还具有以下特征。

1. 程式性

电子商务法律主要用于解决电子交易的形式问题，而不是直接涉及交易的具体内容。电子交易的形式是指进行商务活动时所使用的具体的电子通信手段；交易的内容是用户所享有的一定的权利和义务。

2. 技术性

电子商务是在各种通信技术与网络技术的支持下发展起来的，这些技术本身就具有一定的规范性，如电子签名、网络协议标准等。这些技术规范本身也具有一定的约束性。电子商务的很多规范是间接或直接地在这些技术规范的基础上演变而来的，因此，电子商务法律具有一定的技术性。

3. 开放性

电子商务法律是基于电子商务环境开发的，其基本定义、基本制度和法律结构具有开放性的特点。

二、立法原则

电子商务法律的宗旨是为电子商务提供一套透明的、稳定的和有效的行为规则，以保证交易的安全，使参与电子商务活动的用户有一个公平、安全、和谐和稳定的法律环境，保护消费者权益、知识产权和个人隐私。基于这个目的，电子商务法律应该满足以下5个基本原则。

1. 与国际电子商务规范接轨原则

电子商务具有跨地域性、超越国界的特点，因此不能局限于小范围，应尽量从大范围的角度来考虑。联合国国际贸易法委员会率先确立了《电子商务示范法》，制定了一些电子商务立法的基本统一原则。因此，我国的电子商务立法应该在此基础上吸收其他国家的成熟立法经验，并结合我国的实际情况来进行考虑，以更好地融入全球电子商务环境。

2. 技术中立原则

任何法律法规都应该保持中立的原则。对于电子商务法律来说，除了一般的中立原则，还应该特别注意技术中立原则。技术中立原则是指对有关电子商务的各种技术、软件和媒体等采取中立态度。从事电子商务者或提供信息服务的中介商可以根据实际需要、资金情况选择新的和国际社会接轨的技术，且政府不排斥某项技术或优先推广某项技术，以建立开放的、全球性的电子商务运行环境。

3. 促进交易原则

促进交易原则可以从政策和法律规范两个角度来理解。从政策角度看，应通过法律法规的约束来为电子商务创造一个良好的运行环境，但同时电子商务的快速发展带动了国家经济的快速成长。国家应该鼓励并支持电子商务，同时适当降低市场的准入门槛，并规范交易行为。从法律法规角度看，应尽可能地为参与人留有全面表达和实现自己意愿的空间，这种态度可激发用户不断探索电子商务运行的经验和规律，促进电子商务法律法规的形成。

4. 安全原则

无论是电子商务法律还是其他商法，都需要保障基本的安全。特别是电子商务，在虚拟的网络环境中活动，参与活动的双方不谋面，而是以信息或数据进行通信，不能完全保证通信双方的真实性和履行能力，具有较大的风险。因此，电子商务法律要具有能够保障交易安全的规范，如交易条款规范、网络广告监督和认证机构规范条款等。

5. 消费者权益保护原则

消费者是电子商务活动的主体，因此电子商务法必须保障消费者权益，不能出现损害消费者利益、影响消费者信任的情况。电子商务法对消费者权益的保护除了适用传统的消费者保护法，还应针对电子商务这个特殊的环境来制定特殊的规范，如消费者隐私权、广告欺诈等。在建立和完善各项法律法规的同时，还应培养消费者的风险防范意识，提醒消费者理性购物，增强消费者自身的维权意识，帮助他们了解维权途径和方式。

三、我国立法状况

2019 年 1 月 1 日，我国第一部《电子商务法》正式实施。《电子商务法》的立法引起了社会广泛关注，从起草组第一次会议到草案审议通过历时近 5 年，经全国人民代表大会常务委员会 4 次审议、3 次向社会公开征求意见。各方积极参与、充分讨论。全国人民代表大会常务委员会在立法过程中坚持民主立法、科学立法、依法立法，认真回应社会关切、慎重决策，最终通过的法律凝聚了广泛的社会共识。

四、我国立法思路

1）保障并支持电子商务创新发展。发展电子商务是党中央、国务院做出的完善社会主义市场经济体制、加速国民经济和社会信息化进程、提高国民经济运行质量和效率的战略决策。《电子商务法》起草组充分认识到电子商务在经济社会发展中的地位和作用，坚持"创新是引领发展的第一动力"的要求，充分发挥立法的引领和推动作用，保障并支持电子商务的创新发展。例如，在电子商务经营者登记问题上，强调依法登记，但同时规定个人销售自产农副产品、家庭手工业产品，个人利用自己的技能从事依法无须取得许可的便民劳务活动和零星小额交易活动,以及依照法律、行政法规不需要进行登记的电子商务经营者无须登记。

2)规范经营与促进发展并重。我国电子商务市场存在 3 个方面的问题:假冒伪劣和侵犯知识产权现象时有发生,对消费者和正常经营的商家造成严重伤害;"刷单"等通过虚假交易增加信用评级的违规行为难以被根治,使电子商务信用体系受到挑战,也导致统计监测数据不准确,影响对行业发展趋势的判断;不公平竞争现象依然存在,强制"二选一"、附加不合理交易条件、商业混淆、网络攻击等新型不公平竞争行为出现,使监管部门难以准确界定、举证和处理。这些问题直接关系到电子商务活动各方合法权益的保护和社会对电子商务的发展信心,是电子商务市场治理必须解决的问题,也是《电子商务法》立法过程中反复研究的重点问题。《电子商务法》遵循规范经营与促进发展并重的思路,针对电子商务活动的特点和实践中反映的突出问题,聚焦于规范电子商务经营者特别是平台经营者,对其义务与责任做出规定,以更好地保证交易安全,保护用户和消费者权益,维护市场秩序。

3)重复规定,同时明确与相关法律的衔接。《电子商务法》第二条第三款规定:"法律、行政法规对销售商品或者提供服务有规定的,适用其规定。金融类产品和服务,利用信息网络提供新闻信息、音视频节目、出版以及文化产品等内容方面的服务,不适用本法。"第四十七条规定:"电子商务当事人订立和履行合同,适用本章和《中华人民共和国民法总则》《中华人民共和国合同法》《中华人民共和国电子签名法》等法律的规定。"考虑到这些法律并非专门针对电子商务产生的交易关系,其涉及的范围更加广泛,对电子商务也普遍适用,因此在《电子商务法》中做出衔接性的规定。《电子商务法》主要针对电子商务实践中的突出问题和特有领域确立了新的规范,体现了法律体系的完整性、统一性和协调性。

本 章 小 结

电子商务远不是某些人所想象的那样"千疮百孔""不堪一击";但也不是另外一些人所说的那样"铜墙铁壁""万无一失"。确实,"安全"还是大问题。在现实生活中,有些人也许第一次上网交易就遭遇了网络骗局,而有些人早已习惯了这种网络化的生存方式。网络安全问题就如同一枚硬币拥有不同的两面,关键在于用户如何智慧地去把握、利用它。既然网络无从逃避,那么买家或卖家就应从以下两个方面提升自己的网络生存能力。

1)强化安全意识,坚持预防为主。网络安全应当坚持"预防为主,防治结合"的原则。网络安全的实践证明,最好的预防就是坚守本分,不存非分之想,不奢望天上会掉馅饼;另外,人们要有强烈的安全意识,能够未雨绸缪,切忌疏于防范,给钻营漏洞者提供可乘之机。

2）加强风险识别，提高防范能力。本章介绍的从信息内容辨别真伪，查询交易记录，通过专业网站查询企业信息、风险提示，权威网站核实，手机号码归属地查询，专业性测试等，都是行之有效的风险识别方法。当然，人们还应当在网络交易的实践中不断总结经验教训，逐步积累和提高风险防范能力。另外，合理利用网络安全工具及软件，也可以有效地降低网络交易的安全风险。

3）《电子商务法》立法引起社会广泛关注。自正式实施以来，《电子商务法》在促进电子商务长远发展、规范平台行为、保护电子商务主体健康有序发展等方面产生了积极而深远的影响。认真学习《电子商务法》，规范经营行为，运用法律手段保护自己的合法利益，是每个电子商务人士必须面对的课题。

同 步 训 练

一、单选题

1. 下列不属于计算机病毒特点的是（   ）。

    A. 传染性　　　　B. 隐蔽性　　　　C. 感染性　　　　D. 触发性

2. 黑客攻击是属于电子商务交易过程中（   ）类型的风险。

    A. 技术　　　　　B. 商业　　　　　C. 网络　　　　　D. 信息传输

3. 以感染文件扩展名为 .com、.exe 和 .ovl 等的可执行文件为主的计算机病毒是（   ）。

    A. 引导型病毒　　　　　　　　B. 寄生型病毒

    C. "蠕虫" 病毒　　　　　　　　D. 文件型病毒

4. 我国第一部《电子商务法》于（   ）实施。

    A. 2016 年 12 月　　　　　　　B. 2019 年 1 月

    C. 2018 年 12 月　　　　　　　D. 2018 年 8 月

二、多选题

1. 《电子商务法》的立法原则是（   ）。

    A. 与国际电子商务规范接轨原则　　　B. 技术中立原则

    C. 促进交易原则　　　　　　　　　　D. 安全原则

    E. 消费者权益保护原则

2. 与其他商贸类法律相比，《电子商务法》具备的特征是（   ）。

    A. 程式性　　　　B. 开放性　　　　C. 技术性　　　　D. 相对性

三、判断题

1．爱企查是百度旗下的大数据平台，提供一站式企业信息查询服务，能查询各类风险提示。 （　　）

2．电子商务安全问题只存在于互联网环境。 （　　）

四、思考题

当前，微商、直播电商等新的电子商务业态纷纷涌现。总结这些业态中存在的交易风险，以及应该如何防范交易风险。

第七章
网络营销

知识目标

1. 理解网络营销的内涵、网络营销与电子商务的关系。
2. 了解网络营销的特点和主要工具。

能力目标

1. 掌握网络营销的特点。
2. 掌握网络营销的内涵。
3. 能够制定网络营销相应的战略。

素质目标

1. 具有互联网思维和大数据意识，能够为企业制定整体网络营销方案。
2. 具有网络营销意识。
3. 学习小米、阿里巴巴等公司先进的网络营销理念。

思政目标

1. 提升审美水平，抵制低俗广告内容，拒绝炒作、抄袭、恶意攻击等不良的网络营销行为。
2. 在网络营销内容创作中，增强文化自信，传承中华民族优秀文化，践行社会主义核心价值观。

引言

互联网进入商用领域以来，从根本上改变了原有的商业格局，网络成为新的商业环境。随着信息技术的迅猛发展和互联网的广泛应用，新兴的营销模式——网络营销日益受到人们的关注。作为电子商务的重要组成部分，网络营销已经获得企业的认可，网络营销的应用受到越来越多企业的重视。

网络营销是互联网时代的一种重要的营销方式，网络营销的核心理念与交互方式的独创性使其具有区别于传统营销的特点。随着互联网成为信息沟通的主要渠道，互联网的商用潜力被挖掘出来，显现出巨大的作用和广阔的发展前景。市场营销是为创造交易活动而规划和实施创意、服务、定价、促销和分销的过程。网络营销是以互联网为媒体，以新的方式、方法和理念实施市场营销活动，从而更有效地促成个人和组织的交易活动。

第七章　引导案例

第一节　网络营销概述

一、网络营销的发展阶段

与互联网发达国家相比，我国的网络营销起步较晚。到目前为止，我国的网络营销大致可分为以下 3 个发展阶段。

1. 网络营销的沉寂阶段（1997 年之前）

中国国际互联网于 1994 年 4 月 20 日正式开通。网络营销是随着互联网的应用而逐渐开始为企业所应用的。在 1997 年之前，我国的网络营销处于一个沉寂阶段，没有清晰的网络营销概念和方法，也很少有企业将网络营销作为主要的营销手段。

2. 网络营销的萌芽阶段（1997～2000 年）

虽然此阶段（1997～2000 年）的上网人数和网站数量均微不足道，但发生于 1997 年前后的部分事件标志着我国网络营销进入萌芽阶段，如网络广告和 E-mail 营销在我国的诞生、电子商务的发展、网络服务中域名注册和搜索引擎的涌现等。到 2000 年年底，多种形式的网络营销出现，呈现出快速发展的势头，并且有逐步走向实用的趋势。

3. 网络营销的应用阶段（2001 年至今）

从 2001 年开始，我国的网络营销进入实质性的应用和发展时期，这主要表现在以下几个方面。

1）网络营销服务市场已初步形成，网络销售环境日趋成熟。

2）网站建设成为企业网络营销的基础，网络销售环境日趋完善。

3）网络广告形式和应用范围不断扩展。

4）E-mail 营销、搜索引擎营销进一步发展。

二、网络营销的内涵

网络营销是指基于互联网平台，利用信息技术与工具满足企业与客户之间交换概念、产品、服务的需要，通过在线活动创造、宣传、传递客户价值，并且对客户关系进行管理，以达到一定营销目的的新型营销活动。

（一）网络营销不等于网上销售

网络营销不仅是网上销售，还是企业传递信息、加强与客户之间的沟通、提升企业品牌价值的工具。在很多情况下，网络营销活动不一定能实现网上直接销售的目的，甚至其根本目的并不是销售商品。

（二）网络营销是手段不是目的

无论是传统企业还是互联网企业，都需要网络营销，但网络营销本身并不是一个完整的商业交易过程。当一个企业的网上经营活动发展到可以实现电子化交易的程度时，就被认为进入了电子商务阶段。网络营销是电子商务的基础，开展电子商务离不开网络营销，但网络营销不等于电子商务。

（三）网络营销是对网络经营环境的营造

企业要进行网络营销，必须对网站建设、网络广告设计、网络营销方案策划等一系列工作投入精力，给目标消费者以比较清晰明了的认识，使其对本企业的产品或者服务产生兴趣，引发其购买欲望。因此，网络营销也是一种营造网络经营环境的活动。

三、网络营销的特点

随着互联网技术的发展及互联网成本的降低，网络营销作为一种新的营销理念和策略，与传统营销相比有着更多与生俱来的优势。互联网具有的某些特性，使网络营销呈现出以下特点。

（一）跨时空性

传统营销受限于固定的时间和空间，而网络营销不受时间和空间的限制。企业可以随时随地利用文字、图片、声音、视频等方式将信息传递出去，使跨时空达成交易成为可能，从而达到营销的最终目的——卖出产品。这样的特性使企业可以利用更多的时间和更大的空间，为消费者提供全天候的全球性营销服务。

（二）整体性

由于网络的便捷，网络营销可以实现产品信息发布、交易、收款、售后全程服务。企业不仅可以为消费者提供最大的便捷，还可以借助网络整合不同的传播营销活动，统一设计规划和协调实施，以统一的传播信息向消费者传达信息，避免了营销中的不一致性所产生的消极影响。

（三）成本低

开展网络营销只需一台连在互联网上的服务器或租用部分网络服务器空间即可，省去了传统店面昂贵的租金和部分营销人员的费用。企业通过网络进行信息交换，一方面可以减少印刷、邮递、人工成本，另一方面可以极大地提高营销人员的工作效率。企业还可以凭借网络的优势，大大降低促销和流通费用，降低产品成本和价格，使消费者得到实惠。低成本的竞争成为网络营销企业最有利的竞争手段。

（四）多媒体

网络可以传输多种媒体的信息，如文字、声音、图像等，使为达成交易进行的信息交换以多种形式存在，拥有极大的自由空间，可以充分发挥营销人员的创造性和能动性。

（五）交互性

网络可以展示产品目录、链接资料库，提供有关产品信息的查询服务，可以与消费者进行互动，收集市场情报，进行产品测试与消费者满意度调查等。这种"零距离"互动式的直接沟通，完全改变了企业的被动式营销方式。网络为产品联合设计、产品信息发布及各项技术服务提供了最佳工具。

（六）个性化

网络营销最大的特点在于以消费者为主导。消费者有更大的选择自由，他们可以按照自己的需求不受地域限制地寻找满意的产品。通过进入自己感兴趣的虚拟商店和企业网站，消费者可以获得产品的相关信息，使购物更显个性化。网络营销是一对一的，因此这种方式也更富有理性，循序渐进式的信息交换为双方提供了平等的地位。这是一种低成本与人性化的促销，避免了营销人员强势推销的干扰，并可以通过网络实现交互式交谈，使双方建立长期良好的关系。

（七）高效性

计算机有较高的传输速度、运算精确度和存储信息能力，因此网络远优于其他媒体。企业可以根据市场需求及时调整营销手段，如发布新的产品、调整产品价格，以维护自身的市场份额。

（八）技术性

以互联网为依托的网络营销只有依赖一定的技术投入和技术支持、改变传统的营销方式、提升市场占有率、注重复合型人才的培养，才能提升职能部门的能力。

四、网络营销与电子商务的关系

（一）相同点

1. 借助相同的网络工具

网络营销和电子商务都是通过互联网来传递信息的。网络营销以互联网为营销媒介来传达营销信息，实现营销活动的核心任务。电子商务也同样在互联网上开展商务活动，并借助互联网提升效率、改善服务、获得更多价值。二者都以互联网为主要工具，并随着互联网的发展不断衍生出全新的方法与工具。

2. 具有无形化的特点

1）电子记录和传输数据。无论身在何处，双方都可以进行交流、订购和交易，从而进行快速、准确的双向信息交换。

2）工作范围不受现场限制。企业可以在"在线商店"中列出所需的产品，还可以轻松地在全球范围内买卖各种产品。

3）付款方式电子化。使用的付款方式主要包括信用卡，电子货币和智能卡等。

3. 都能实现低成本

1）距离越远，通过网络传送信息相对于信件、电话和传真传送信息的成本就越低。

2）没有库存压力。在互联网中，双方可以进行及时交流，从而减少在网络交易上的差异行为，将成本降到最低程度。

3）运行成本极低。网络营销具有较多的广告宣传机会。企业可以不再承担昂贵的广告费用。此外，网络服务器可动态存储有关产品的多媒体信息，并主动分发给客户。

4. 都可以改变企业的运营方式

随着当今社会的发展，网络大大缩短了人们的社交距离。企业中的管理人员与员工之间的通信模式也发生很大变化，在内部工作流程中，管理人员可以更加方便地控制企业内部发展情况。企业员工将更加积极地使用网络营销或电子商务模式进行沟通。

5. 交易效率均高

互联网使商业信息标准化，因此商业信息可以立即被世界各地的计算机传递并处理，网络营销可以高效针对性的触达用户从而提高效率，而电子商务企业的供应链管理、企业内部管理效率也都高于传统商务，原材料采购、产品制造、需求和销售、银行兑换、保险、运输和报关等环节的效率都得到很大提升。

（二）不同点

1. 概念不同

网络营销主要是指通过在线信息沟通，利用计算机通信方式与数据多媒体进行目标交流，从而促进客户与企业的相互沟通，达到交易的目的。电子商务是指利用电子工具的高效率和低成本的特点来进行商品买卖交易的过程。

2. 实现的目的不同

网络营销是企业实现其营销目标的一种营销方法，而电子商务则是在企业之间及企业与消费者之间开展各种类型的商业活动。网络营销的目的是加强企业与客户的关系，帮助企业建立良好的声誉和可靠的客户资源。

3. 是否有交易行为发生

电子商务使用数字电子方法交换业务数据和开展业务，并专注于交易。交易行为的发生是电子商务的核心。电子商务强调交易过程中的各环节，而网络营销的重点是交易前的宣传与推广。一个企业在没有开展电子商务之前，可以进行不同层次的网络营销活动。可以把网络营销看成是电子商务的初期阶段，而实现交易行为是网络营销与电子商务的主要分界线。

4. 发展的环境有所不同

网络营销的环境和真实的企业环境共同构成了企业营销的双重环境。电子商务发展的环境要求更高，包括稳定的社会和政治环境、法律环境、市场经济环境、安全认证体系、联合操作系统、网络运营环境、人文环境及国际环境。

（三）交叉点

1）就商业互联网应用的类型而言，电子商务涵盖了网络营销。网络营销不仅是营销部门的营销活动，还需要其他相关业务部门的支持，如采购、制造、财务、人力资源、质量控制和管理、产品开发和设计。企业利用电子商务并根据市场需求对业务进行系统的重组，以满足网络经济时代的数字治理和数字交易的需求。

2）作为当今社会经济发展的交易管理工具，网络营销是现代企业电子商务发展的基础，是最重要的在线业务活动类型。网络营销和电子商务有时被统称为电子商务活动。电子商务以供应链管理为主，为企业中的网络营销提供销售渠道，从而实现网络数字化发展管理，并在网络时代最大限度地适应不断变化的市场需求。

第二节 网 络 广 告

一、网络广告的概念与特点

（一）网络广告的概念

网络广告是指在 Internet 站点上发布的以数字代码为载体的经营性广告。广告界认为网络广告将超越户外广告，成为传统四大媒体（报纸、杂志、广播、电视）之后的第五大媒体。

（二）网络广告的特点

1. 覆盖面广

网络广告的传播范围广泛，可以通过国际互联网把广告信息全天候、24 小时不间断地传播到世界各地，不受地域和时间限制。

2. 自主性强

众所周知，报纸广告、杂志广告、电视广告、广播广告、户外广告等都具有强迫性，都要千方百计吸引目标客户的视觉和听觉，强行将信息灌输到目标客户的脑海中。网络广告则属于按需广告，具有报纸分类广告的性质却不需要客户彻底浏览，它可以让客户自由查询，大大节省了客户的时间，避免了客户无效的、被动的注意力集中。

3. 统计准确性高

网络广告使广告主能直接对广告的发布进行在线监控，随时监视广告的浏览量、点击率、浏览人数等指标，了解广告传播的详细信息，从而准确地了解客户和潜在客户的情况，实现科学的效果评估。

4. 实时性强

在传统媒体上做广告发版后很难更改，即使改动也需要付出一定的资金和时间。相比之下，网络广告的更改更快捷简单，实时性强。

5. 交互性和感官性强

网络广告的载体基本上是多媒体、超文本格式的文件。如果客户对某样产品感兴趣，仅须轻点鼠标就能进一步了解更多信息。

二、网络广告的主要类型

按附加在线广告的媒体进行分类，有以下几种类型的网络广告。

（一）完全基于 Web 页面的网络广告

完全基于 Web 页面的网络广告是人们看到最多的一类网络广告，具体有以下几种形式：①静态或动态横幅广告。通常为 GIF、JPG、Flash 和其他格式的矩形图像或动画文件，固定在页面布局上的特定位置。另外，比横幅广告小的图标或按钮式广告，通常可以被包括在横幅广告类别中。②浮动广告。它也是悬挂在网页上的方形 GIF 或 Flash 格式图像文件。与横幅广告不同，它会随着用户拖动页面而上下移动，从而不断吸引用户的注意力。③弹出式广告。当用户打开网页时，它将自动弹出，可以大也可以小，其中最大的称为"全屏广告"。与前两种广告相比，这种广告具有更强的视觉效果，但对用户有一定的影响与强迫性。④富媒体广告。指由 2D 和 3D 视频、音频、Flash、DHTML、Java 等组成的具有复杂视觉效果和交互功能的在线广告。与其他类别的广告相比，其视觉和交互效果更好，但占用的带宽相对较大。⑤文字链接广告。先将一行文字作为广告，然后单击文字以转到广告页面。这种类型的文本链接广告可以是网页上的静态文本链接，也可以是由搜索引擎随机抓取的动态文本链接，即关键字/搜索引擎广告。

（二）完全依赖软件的网络广告

随着 Internet 功能的增加，越来越多的 Web 应用程序摆脱了浏览器的限制，成为软件或应用程序，因此，越来越多的广告开始使用程序作为媒体，如即时消息软件（QQ、淘宝旺旺等）。当用户进入这样的即时通信软件时，广告信息将显眼地显示在该软件上或自动弹出。应用以爱奇艺为代表的视频播放器软件时，无论用户是否连接到 Internet，只要打开软件，广告文字就会出现在播放器的固定位置，以吸引用户点击。在线游戏制造商或运营商经常在某些固定的游戏页面上放置广告，以吸引玩家点击。这种类型的网站完全不依赖于网络浏览器。

（三）既可以 Web 页面为载体，也可以软件为载体的网络广告

除了以上两种主要类型的网络广告，当前还有另一种类型的网络广告，其可以使用网页作为媒介或使用某种类型的软件作为媒介，如电子邮件广告。电子邮件广告可以通过浏览器打开特定的邮件页面，也可以通过专门的电子邮件软件（如 Microsoft Outlook 等）打开特定的邮件页面。

（四）以其他新型手持移动通信设备为载体的网络广告

通过互联网平台、移动平台及数字广播和电视平台的对接和集成，网络广告也可以新型手持通信设备为载体。因此，越来越多的广告出现在以手机为代表的新型便携式移动设备上。这些新型广告可以大致分为以下几种形式。

1. 短信、彩信广告

短信、彩信广告是一种被广泛使用的移动广告模型。移动用户主动选择订阅或被动接收由移动运营商或广告代理商发布的广告。

2. WAP 网页广告

WAP（wireless application protocol，无线应用协议）与常规横幅广告类似，但尺寸通常小于横幅广告。用户使用内置的手机 WAP 浏览器登录移动网站，从而看到 WAP 网页广告。

3. 手机邮件广告

手机邮件广告与 Internet 电子邮件广告类似，但是以手机为载体而不是其他网络终端。用户可以使用支持电子邮件功能和嵌入式电子邮件程序的手机通过电子邮件接收广告。

4. 移动搜索广告

WAP 服务提供商可以发布用户指定关键字的广告。例如，用于移动搜索的百度广告文字将显示在用户搜索结果的顶部。用户可以单击这些广告以转到广告商的 WAP 网站。

5. 手机视频（富媒体）广告

当用户在手机或其他便携式移动终端上观看视频和动画之类的广告时，移动运营商或服务提供商将向用户提供指定数量的信用或其他奖励；用户只有查看特定时间段的广

告才能获得特定的免费服务。

因为网络广告复杂多样，所以我们将其分类后来了解其本质。上述内容对网络广告的形式进行了分类，这有助于我们对网络广告的形式有一个统一而全面的理解，也有助于我们对新兴的网络广告进行分析和归纳，从而改善广告效果。

三、网络广告应用

（一）网络广告发展前景

1）用户更加广泛。随着计算机和手机等设备的发展和普及，互联网用户数量持续增长。手机成为中国网民的"第一互联网终端"。手机上网进一步降低了互联网的门槛，为网络广告提供了更加广泛的用户群体。

2）投放平台更广。随着互联网的发展，各种网站不断发展壮大，如腾讯微博、新浪微博和人人网等社交网络的兴起为网络广告提供了更广阔的平台。

3）代理公司更为普遍。互联网门户网站和电子商务平台等已经开设了广告代理业务，以扩展业务并增加市场份额，并为广告客户提供更好的广告渠道。

（二）网络广告策略

1. 选择合适的网络广告平台

首先，网络广告必须有明确的主题。网络广告针对的是特定的用户群体，因此需要在市场中进行细分，并且需要根据不同细分市场的需求定义不同的广告主题。其次，企业必须充分了解网络平台的特征，并根据产品或服务的特征及自身的资金做出选择。最后，企业必须考虑为网络广告支付费用的方式，因为中小企业往往缺乏发展资金，所以它们最合适的计费方式是 CPA[①]、按月计费和其他计费方式。这些计费方式可以真正保护中小企业的利益，且其过程简单实用。

2. 选择适当的网络广告形式

选择正确的网络广告形式不仅可以最大限度地发挥广告效果并达到目标，鼓励消费者进行购买，还可以给企业的形象带来积极影响。因此，企业在选择网络广告形式时需要谨慎。例如，应谨慎使用弹出广告，因为它们是强制性广告，所以很容易遭到用户的拒绝。另外，太多的促销电子邮件或不适当的内容可能会令人反感，从而损害企业在用户心目中的良好形象。

3. 设计、发布互动性强的网络广告

网络广告优于传统广告，它具有交互性，强调了用户与企业之间的信息交换和交互。

---

① CPA（cost per action，每次行动的费用）即根据当前的调查问卷或响应的订单进行计费，而不限制广告的数量。

交互式广告是一种新型的网络广告，它使用多媒体技术来创建视听效果和交互式功能。交互式广告的主要特征是具有更多的表达方式和强大的功能。它可以是视频、游戏、链接或在线聊天。这种类型的广告是灵活的，可以根据用户的个人喜好进行个性化调整。交互式广告的典型示例是通过搜索引擎发布广告。这种类型的广告最容易被用户接受，并且制作过程简单。它是中小企业的理想广告形式。

4. 组合运用网络广告

网络媒体和广告模型各有利弊，因此对它们进行组合可以最大限度地发挥其优势，避免其劣势，达到最佳的广告效果。第一，不同类型的网络广告的结合。例如，网站、电子邮件、搜索引擎和其他媒体在分发广告时具有自己的优势。企业优化它们可以扩大其优势，弥补其劣势，并有效地利用各种媒体进行广告宣传。第二，各种形式的网络广告的结合。用户具有自己的习惯和喜好，如果广告形式单一，就很难满足大多数用户的需求，导致用户的流失。第三，使用多种类型的广告来增加广告的创造力和新鲜度，并增加广告吸引力。

5. 网络广告的宣传应用与传统广告相结合

企业发布网络广告后，不仅需要日常维护和处理业务，还需要开展其他相关的促销活动，包括与传统广告的协作等。企业可以在传统的广告流程中添加网站等，以便用户在 Internet 上跟踪和查找相关的网站和信息，并提高网络广告的有效性和可见性。

第三节 搜索引擎营销

一、搜索引擎营销的概念与特点

随着互联网的飞速发展，人们的生活越来越多地与互联网联系在一起。在这个知识和信息爆炸的时代，如何从 Internet 上大量的未知信息中找到所需的信息已成为一个重要的问题。搜索引擎技术的出现开始解决验证信息的问题。

（一）搜索引擎的概念

搜索引擎就是根据用户需求与一定算法，运用特定策略从互联网检索出指定信息并反馈给用户的一门检索技术。搜索引擎依托于多种技术，如网络爬虫技术、检索排序技术、网页处理技术、大数据处理技术、自然语言处理技术等，为信息检索用户提供快速、高相关性的信息服务。

（二）搜索引擎营销的概念

搜索引擎营销（search engine marketing，SEM）作为一种技术营销的新模式，是指综合利用各类搜索引擎媒体资源，策划有效的网络营销方案，如网站运营策略分析等，并进行实施，同时对营销效果进行检测。搜索引擎营销不仅可以满足用户对有价值信息的需求，还可以为企业提供展示企业信息的平台。

（三）搜索引擎营销的特点

1. 低成本、快速度

搜索引擎广告是一种新的广告形式，也是搜索引擎营销的重要方式。企业利用跨越时间、空间的互联网，可以一键随时随地发布信息，并且可以在更短的时间内将信息发送到世界各地。搜索引擎广告的覆盖面更广，停留时间更长。潜在客户将积极寻求企业提供的与产品相关的关键字和其他相关信息。搜索引擎营销可以高相关性地推销企业的产品，以便使更多的潜在客户找到产品信息，并进行更便宜的产品促销。

2. 高效、精准

用户通过查找关键字的搜索结果，可以找到与关键字完全匹配的广告信息，查看有关企业的基本信息。找到相关信息后，用户甚至可以看到产品价格和产品图片、企业可以提供的相关服务及与同类产品的比较信息等。如果用户配备了订单管理系统、电子支付方式、物流方式等，则可以直接执行交易，从而大大提高交易效率。

3. 方便的信息收集

通过在 Internet 上搜索大量信息，企业可以更好地了解用户的实际需求，甚至可以分析用户的动机、行为，以便找到更多的营销机会并持续改进产品。同时，企业还可以使用搜索引擎收集有关竞争对手的更多信息，分析其研发、营销策略和新发展方向，以改进本企业产品开发和产品营销方式。

二、搜索引擎营销的主要方法

依据搜索引擎的发展历程，搜索引擎营销主要有以下几种方法。

（一）免费登录分类目录及搜索引擎

免费登录分类目录及搜索引擎是最传统的网站推广方法。该方法是企业通过登录搜索引擎网站将企业的网站 URL（uniform resource locator，统一资源定位符）提交给搜索引擎。搜索引擎将根据某些标准对其进行处理。如今，这种方法已无法满足企业网站推广的需求，因此该方法通常被企业用作其他推广形式的辅助手段。

（二）搜索引擎优化

搜索引擎优化（search engine optimization，SEO）是指根据搜索引擎搜索的原理调整网站和网页设计的基本构造，以确保搜索结果中包含搜索引擎并对其进行排名。搜索引擎优化主要有以下优化策略。

1）网站内容优化。丰富的网站内容是第一要素。为了优化搜索引擎，应使网站具有独特的内容、清晰的主题和良好的用户体验。

2）关键字优化。关键字是潜在客户在搜索引擎中找到企业网站时输入的字词。关键字定义搜索引擎看到的广告信息类型。因此，企业对关键字的选择应基于营销目标并结合某些技能。广告规模、潜在客户定位、投标成本和广告语言撰写都与关键字相关，因此，关键字不仅是搜索引擎优化的核心，还是整个搜索引擎营销的核心。

企业选择关键字可以通过以下 4 种方式：一是关键字工具，如 Google 关键字工具、百度索引；二是公司自己的分拣；三是从专业的网站统计分析系统获得；四是关键字的组合。

3）交换链接优化。提供内部或外部链接。根据搜索引擎的技术原理。"网络爬虫"会密切跟踪网站页面上的链接，以抓取网站上的信息。链接是网站的灵魂，用户可以通过超链接接收丰富的网站内容。对于搜索引擎来说，链接是确定网站排名的关键因素，包括导入链接、导出链接及内部网站页面之间的链接。企业可以登录链接交换平台与优秀企业交换链接，从而增加本企业网站的曝光率。

4）提供站点地图。提供可以链接到每个部分的站点地图。站点地图是一个网站上所有链接的渠道。简而言之，它是网站上的网页列表。用户可以通过站点地图查看网站的所有页面。创建和提交站点地图有助于确保搜索引擎链接站点上的所有页面。当网站包含动态内容、大量图像或网站是新网站且链接不多时，站点地图特别有用。站点地图的格式很多，常见的两种格式是 HTML 和 XML。创建站点地图可以手动完成，也可以使用第三方工具完成。

（三）关键字竞价排名

关键字竞价排名是通过向搜索引擎服务商购买关键字排名服务的方式来实现网络推广。当用户用某个关键字搜索时，搜索结果页面就会出现该企业专门设计的广告链接。搜索结果与广告内容有一定的相关性，因此其促销效果非常有针对性。同时，关键字竞价是根据效果计费的，因此企业可以灵活地控制成本。它是快速提高企业在搜索引擎上的可见度的有效方法。目前，国内提供关键字竞价排名服务的有百度推广、搜狗交易服务、新浪智能投资和网易的优道搜索等，其中百度推广的影响力最大，使用的用户最多。

（四）网页内容定位广告

基于网页内容定位的网络广告是关键字广告搜索引擎营销模式的进一步扩展，广告媒体不仅是搜索引擎的搜索结果网页，还是延伸到服务合作伙伴的网页，如推广百度网络联盟、搜狗联盟等。

众所周知，网站的数量是庞大的，并且网络的行业、规模和客户数量等属性是不同的。促销产品的商家通常很难在发布前指定要托管的网站，他们需要在启动时分别与不同的网站进行协商。网站联盟有效地实现了网站资源的整合、更精细地管理及针对促销卖方的一系列标准化服务，从媒体管理、广告信息制作到统一的数据报告。

阅读材料 7-1

微课 7-1　搜索引擎营销

技能训练 7-1　搜索引擎营销工具的应用

运用以上搜索营销工具，查询自己学校与兄弟院校的网站概况，并记录在表 7-1 中。

表 7-1　搜索引擎营销工具应用的统计

搜索营销工具	自己学校	兄弟院校一	兄弟院校二
网址			
百度权重			
百度收录			
备案信息			
反链个数			
其他			

第四节　社会化媒体营销

社交网络发挥着越来越重要的作用。消费者越来越多地使用社会化媒体查找和发现产品，收集有关产品的信息，尝试从社会化媒体获取信息并在购买前了解产品口碑。通过使用社会化媒体营销，企业不仅可以接触大量的消费者，还可以通过双向交互使消费者对企业建立信任。社会化媒体营销相比传统的单向广告机制，能更有效地提高消费者的购买意愿。企业应考虑如何创新和改变传统的营销策略和方法，以满足社会化媒体中消费者的需求，并提高企业营销的效率和效力。

一、社会化媒体与社会化媒体营销

（一）社会化媒体的特点

在移动互联网技术飞速发展的背景下，社会化媒体是不断变化和完善的媒介形式。从用户体验角度出发并结合国内外学者的观点，我们认为社会化媒体有如下特征。

1）社会化媒体是对现实社会关系的模拟和再造。反映在媒体层面的"粉丝"数、转发量、关注度、互动率等数字化指标所指向的是现实世界的人脉关系，复制了现实人际交往的各种逻辑关系。社会化媒体在某种程度上就是对现实人脉的重构，并特别强调发现、激活并搭建新的人脉网络。

2）去中心化和UGC（user generated content，用户生产内容）是社会化媒体的显著特征。社会化媒体的出现和普及是对原先掌握话语权的传统企业的权利争夺。用户完成了从信息阅读者（接收者）到信息发布者的转变。我们甚至能够看到，在社交网络上有一定"粉丝"量的博主可以起到引导舆论走向的作用。在社会化媒体的环境下，用户主动参与议程设置，丰富了媒体原创内容。

（二）社会化媒体营销的特点

社会化媒体营销，即通过社交媒体、书签、社交工具和交流论坛增强企业的产品、品牌、个人及组织在社会中的影响力，提高企业知名度并实现营销目标。社会化媒体营销的基本特点如下。

1）社交性。社会化媒体营销基于真实的社会关系，其所有营销活动都取决于人与人之间的沟通、互动和亲密关系。社会化媒体营销的最终目标是扩大人与人之间的关系，包括企业与用户、用户与用户之间的关系，以便建立广泛的人际关系网络。

2）参与性。社会化媒体营销更像是朋友之间的内容分享，它更能激发用户的参与性。这种参与是用户自发的，可以给企业和个人带来相关效益。用户参与可分为产品参与、活动参与、反馈参与3个部分，即用户通过参与产品的设计、研发，参与企业设计的活动，反馈意见建议3种形式参与企业的生产经营过程。

3）内容取胜。拥有吸引用户的内容是鼓励用户积极参与交流的关键。在社会化媒体营销中，只有对用户有价值和有趣的内容才能引起用户共鸣并积极传播，从而实现营销价值。

4）以人为本。企业应以用户为中心，秉承"互动，沟通，参与社区"的理念，明确用户的身份，以获得更高的用户满意度为目标，以人为本是社会化媒体营销的核心。

阅读材料7-2

二、社会化媒体营销与网络营销

网络营销不仅包括社会化媒体营销，还包括在非社会化媒体平台上的营销推广（如电子邮件营销和搜索引擎营销）。网络营销比社会化媒体营销包含更多的营销方式。

（一）重点不同

传统的网络营销侧重于企业和产品。企业控制信息时，重视控制媒体。社会化媒体营销重视用户，把用户当作主角，其信息不受企业控制。

（二）内容类型不同

传统的网络营销只是营销人员和用户之间的一种匹配。此外，传统的网络营销允许将长期内容放置在网站上。社会化媒体营销是基于社区的交互式营销，其内容更适合于创建社交平台。

（三）目标不同

传统的网络营销重视提高用户关注度，而社会化媒体营销则主要侧重于提高品牌知名度，同时重视提高用户保留率和满意度。

（四）方法不同

传统的网络营销主要运用搜索引擎营销、DSP（demand side platform，需求侧平台）、网络广告等方法开展营销活动。社会化媒体营销的主要方法是运用微博、微信、论坛以及短视频、直播等社交媒体。随着技术的不断进步，这些方法也不断演进，其核心在于去中心化。

本 章 小 结

1）网络营销是企业整体营销的一部分。网络营销不是孤立的，不可能脱离传统营销环境而独立存在。网络营销理论是传统营销理论在互联网环境中的应用与发展，由此也确立了网络营销在企业营销战略中的地位。无论网络营销处于主导地位还是辅助地位，其都是互联网时代市场营销不可缺少的内容。网络营销也不等同于电子商务，两者既有相同也有不同，网络营销是现代企业电子商务发展的基础，而电子商务更侧重于供应链管理。

2）网络广告与搜索引擎营销是最主要的网络营销方法。随着社会化媒体的不断发展与完善，基于社会化媒体的营销方式将成为更多企业网络营销的重要手段。

同步训练

一、单选题

1. 网络营销是指基于互联网平台，利用信息技术与工具满足企业与客户之间交换（ ）的需要，通过在线活动创造、宣传、传递客户价值，并且对客户关系进行管理，以达到一定营销目的的新型营销活动。

    A. 概念、产品、服务   B. 理念、产品、服务

    C. 概念、商品、服务   D. 理念、商品、服务

2. 企业进行搜索引擎营销，为使企业站点容易被搜索到应该（ ）。

    A. 经常投放广告   B. 及时更新

    C. 提高访问速度   D. 准确选择并放置关键字

3. SEO 指（ ），SEM 是指搜索引擎营销。

    A. 搜索引擎推销   B. 搜索引擎优化

    C. 搜索引擎购买   D. 搜索引擎重构

4. "在百度上键入关键字'原神'搜索，结果中首先出现的是'原神'的文本广告，同时右边也出现了相关企业的广告"，此段话描述的网络广告形式是（ ）。

    A. 赞助式广告   B. 搜索引擎广告

    C. 电子邮件广告   D. 弹跳式广告

二、多选题

1. 以下关于网络营销与电子商务的说法正确的有（ ）。

    A. 网络营销是电子商务的基础

    B. 电子商务是网络营销发展的高级阶段

    C. 开展电子商务离不开网络营销

    D. 网络营销并不等于电子商务

2. 网络营销和社会化媒体营销的不同点有（ ）。

    A. 重点不同   B. 内容类型不同

    C. 目标不同   D. 方法不同

3. 网络营销的优势和吸引力有（ ）。

    A. 网络营销强调个性化的营销方式

    B. 网络营销可以实现全程营销的互动性

    C. 网络营销可以提高消费者购物效率

    D. 网络营销的价格优势

三、思考题

一家新开的蛋糕店，凭借蛋糕美味和开业大促销等活动，销售额在开业一个月内稳步增加。然而，1 个月后该蛋糕店销售额增长减缓，趋于平稳，获利较少。请运用网络营销的方法，为该蛋糕店设计网络营销方案。

阅读材料 7-3

第八章
短视频与直播电商

知识目标

1. 理解短视频和直播电商的发展过程。
2. 了解短视频的传播特点及变现方式。
3. 熟悉当下各种短视频和直播平台的类型。

能力目标

1. 掌握短视频的传播特点、变现方式。
2. 能够熟练运用各种短视频工具。
3. 能够合理组建一个短视频创作或直播团队。
4. 能够组织实施一次直播活动。

素质目标

1. 具备一定的互联网思维，适应目前直播购物的方式。
2. 具有一定的分析和布局能力，能够根据直播形式选择合理的变现方式。

思政目标

1. 明白短视频和直播电商的底线，遵守法律法规，注意网络用语。
2. 合理合规发布内容，净化网络环境。
3. 在创作、传播与商业行为中尊重网络知识产权。

◻◻ 引言

随着信息技术的发展、5G 时代的到来和手机的普及，"刷手机"已经成为人们日常休闲娱乐的重要方式，甚至有很多人参与到短视频拍摄中。2020 年突如其来的新冠肺炎疫情对实体经济带来的冲击，改变了人们休闲娱乐和购物的方式，加速了短视频行业和直播电商行业的发展。

第一节　短　视　频

一、短视频的兴起与由来

短视频是指随着信息技术的不断发展，基于新媒体的时间相对较短（一般小于 5 分钟）、内容较少的视频。短视频是网络媒介中在文字、图片、长视频之后衍生出的新型传播载体。短视频具有内容碎片化、传播速度快、观众之间界限模糊、有一定的社交功能等特点。

短视频的发展以长视频的存在为基础。随着网络时代的到来，爱奇艺、腾讯视频等视频网站的兴起，通过网络渠道观看视频已经成为人们生活中一种常见的休闲娱乐方式。2011 年后，随着我国通信资费方式的变更、网络速度的提高和手机的普及，短视频凭借"短、快"的传播优势被人们所接受，并迅速获得了大量的"粉丝"。比较有代表性的短视频软件有抖音、快手、火山、梨视频、美拍、秒拍及好看视频等。

（一）短视频发展概况

纵观我国短视频发展历程，大致分为 3 个阶段：①2011～2015 年是短视频起步阶段。

该阶段的代表短视频 App 为秒拍、小咖秀和美拍等。②2015～2017 年是短视频迅速发展阶段。在这个阶段短视频不仅收获了较多的"粉丝"，还获得了资方市场和传统的媒体的认可。该阶段的代表短视频 App 是抖音、快手。③2017 年至今是短视频持续火热阶段，各种短视频 App 层出不穷。

CNNIC 发布第 49 次《中国互联网络发展状况统计报告》显示，截至 2021 年 12 月，我国网络视频（含短视频）用户规模达 9.75 亿，较 2020 年 12 月增长 4794 万，占网民整体的 94.5%。其中短视频用户规模为 9.34 亿，较 2020 年 12 月增长 6080 万，占网民整体的 90.5%。

2021 年，在短视频应用新用户的带动下，网络视频总体用户规模进一步增长，但增速持续放缓。网络视频市场呈现精品迭出、新业务与技术加速探索应用、环境日益清朗的态势。

（二）短视频在当今社会迅猛发展的原因

1）用户碎片化时间增多，且越来越重视对碎片化时间的利用。短视频"短、快"的特点与用户碎片化时间利用的需求相吻合，使人们可以利用工作、学习的闲暇时间进行娱乐或学习，从而提高工作或学习效率。

2）短视频时间短、内容相对完整、信息密度更大，能在碎片化的时间内给用户持续不断的刺激，契合其碎片化娱乐和学习的需求。

3）互联网信息技术的飞速发展、智能手机和计算机的普及、网络流量资费的下降为短视频发展提供了条件。截至 2017 年 6 月，我国智能手机用户数量已经占到全国人数的一半，且大部分年轻人比较喜欢看短视频。

4）大数据时代的到来，为短视频精准投放提供了技术基础，从而有利于提高用户对短视频的黏性。大数据的积累使短视频平台能够匹配更加精准的用户，能够强化用户需求，增加用户黏性。

5）不断更新的信息技术使短视频编辑智能化、简单化。例如，智能化的剪辑应用可以实现剪辑环节的自动化；智能识别系统节约了短视频的审核时间，提高了审核效率；短视频拍摄中的智能人脸识别，可以为用户提供美颜、搞笑等特殊效果。

二、短视频分类

短视频类型和内容的多元化，为其蓬勃发展奠定了基础，使其可以满足不同兴趣、爱好群体的需要。人们可以通过不同类型的短视频满足自我需求，获取愉悦感。

（一）根据制作团队的性质不同，可以将短视频分为 3 种不同的制作形式

1）UGC：是一种用户使用互联网的新方式。用户不再以观看者的身份被动接收信

息，转而制作自己喜欢的内容，如国内比较知名的 UGC 视频网站哔哩哔哩。

2）PGC（professional generated content，专业用户生产内容）：相比于 UGC 产出的内容更具专业性、更具深度，常见的 PGC 视频形式如汽车评测、知识分享等。质量上乘的 PGC 更容易形成"粉丝"效应。

3）OGC（occupationally generated content，职业生产内容）：指在视频、新闻等网站中，以提供相应内容为职业的媒体平台的记者、编辑等生产的内容。他们有新闻专业背景，以写稿为职业领取报酬。例如，梨视频的内容多由职业记者、媒体人创造。

（二）从满足用户需求的角度出发，可以将短视频平台分为 3 类

1）工具类短视频平台。工具类短视频平台有小咖秀、小影等。以小影为例，它具有手机录制、逐帧剪辑、电影滤镜、字幕配音等功能，让非专业用户也能在手机上剪辑出专业的短视频作品。

2）资讯类短视频平台。资讯类短视频平台通常依托社交或资讯平台，并为其提供短视频播放功能，如与微博绑定的秒拍、今日头条旗下的西瓜视频等。这类短视频平台依托大流量平台，使用户被动地高频率使用这类内嵌短视频平台的支持功能。

3）社区类短视频平台。社区类短视频平台社交氛围浓厚，用户黏性较高，以快手、抖音、美拍等为代表。其中，以抖音短视频平台最为典型。抖音实质上是一个专注于年轻人的音乐短视频社区。用户可以选择歌曲，配以短视频，形成自己的作品。抖音的"朋友聊天室""老友计划"等功能，大大提高了用户之间的互动性。

（三）从短视频开发方面，可以将短视频分为 6 个类型

1）以抖音、快手为代表的社交媒体类短视频。这种类型的短视频是目前最受用户欢迎、使用最广泛的类型，也是短视频 App 开发的大热类型。

2）以西瓜视频为代表的资讯媒体类短视频。目前，短视频平台的"后起之秀"梨视频的主要内容是新闻资讯。这类短视频将新闻资讯以短视频的形式展现出来，其内容独到新鲜，是一种新的新闻资讯展现模式。

3）以哔哩哔哩为代表的 BBS（bulletin board system，网络论坛）类短视频。哔哩哔哩是年轻人的聚集地，它涵盖了动漫、游戏、番剧、鬼畜等多个模块，是年轻人最多的 BBS。

4）以陌陌、朋友圈为代表的 SNS（social networking services，社交网络服务）类短视频。这类短视频以社交为主，包括以陌陌为代表的陌生人社交短视频和以朋友圈为代表的熟人社交短视频，两者的侧重点不同，朋友圈短视频是基于熟人模式对朋友圈图片和文字的补充，陌陌短视频是在陌生人链条下对个人展示的补充。

阅读材料 8-1

5）以淘宝主图视频和京东主图视频为代表的电商类短视频。手机淘宝主页增加了短视频简介，它比图片简介更加清晰明了。目前，淘宝、京东、蘑菇街等电商也陆续加入了短视频功能。未来短视频在电商领域的发展有无限的可能。

6）以小影、VUE为代表的工具类短视频。与前面5种类型的短视频相比，工具类短视频在日常被提起的概率较小，但随着短视频内容的迅速发展，更具有针对性的工具类短视频将会享受到和其他类型短视频一样的行业发展红利。

三、短视频创作

随着短视频热度的不断升温、巨大商业变现模式的明朗，越来越多的人包括以前的图文自媒体、传统视频团队、电商从业者或者准备新加入的人，开始思索快速切入这个潜力十足而又全新的领域的方法。然而，相较于图文媒体等领域，短视频较为复杂的流程和门槛使一些想转型的人停留在门外，不敢采取下一步行动。其实短视频的起步并没有那么难，关键是要了解短视频的创作流程。

短视频的创作主要分为内容选择、团队组建、摄影/剪辑、宣发/运营等步骤。

（一）内容选择

短视频发展至今，已经开始朝着垂直化、专业化的方向发展。因此，当我们切入短视频领域时，首先要确定主题，即视频内容方向。在一般情况下，创作者会结合自身的资源、兴趣、产出、变现方式等来选择视频的内容。

（二）团队组建

当创作者选择好创作主题后，为了将视频更快、更好地呈现给用户，需要组建团队来细化分工。创作者要根据相关的工作组建合适的短视频创作团队。

在团队成立初期，通常会出现一个人或两个人负责全部内容的现象，特别是个人团队或初期规模不是很大、资金不足的团队。随着团队的发展，可以根据更加专业和更加规范的产出需要，增加相关的专业人员。

（三）摄影/剪辑

摄影的前期工作包括摄影器材的配置、摄影表达手法与场景的选择、机位的摆放切换、灯光位的布置、收音系统的配置。常用的视频剪辑软件有爱剪辑等，更高级的视频剪辑软件有Premiere/AE（adobe after effects）/绘声会影。

（四）宣发/运营

视频制作完成后，创作者需要将其投放在各渠道平台上，以获得更多的流量。现在越来越多的平台参与到短视频的争夺战中，各平台推出的补贴激励政策不同，各平台的推荐算法系统也有差异，这要求创作者在进行短视频投放时要熟知各平台的推荐配对规则。同时，创作者应该积极寻求商业合作、互推合作等，拓宽作品的曝光渠道。在"粉丝"运营方面，创作者可以将核心目标用户集合起来，不定时与"粉丝"团做一些互动，以增强用户黏性。

四、短视频变现

短视频凭借产品特性成功捕捉用户的注意力，聚集了大量流量。在火热的短视频背后，除了"看热闹"，我们还应思考如何更好地通过短视频盈利、变现。

在短视频产业链中，上游主要包括大量 UGC、PGC 类型的内容创作者，这是整个短视频产业链的核心；下游主要包括短视频平台和其他分发渠道。其中，短视频平台是短视频内容最主要的生产场所。

阅读材料 8-2　　目前，短视频的主要变现模式有以下几种。

（一）获取平台的巨额补贴

抖音、快手、西瓜视频、企鹅号等平台，近年来为创作者提供了巨额的补贴。创作者只要在这些平台发布原创视频，就可能获得不错的收益。

今日头条在"千人万元"计划之后，又拿出 10 亿元补贴短视频创作者。创作者只需在它旗下的西瓜视频发布短视频，便可通过播放量获得广告收益。

（二）渠道分成

渠道分成是短视频的一个很直接的收入方式。各平台规定如下。
1）今日头条：创作者过了新手期就可以得到平台分成。
2）一点资讯：创作者通过向编辑申请获得分成。
3）爱奇艺：创作者只要向该平台申请分成即可获得收入。

（三）广告合作

当短视频账号有了一定的播放量和"粉丝"量时，创作者可考虑拍摄广告类视频、产品植入视频等，赚取更多的收入。广告变现也是一个比较普遍的短视频变现方式，大致分为 3 类。
1）冠名广告。冠名广告是指在节目前加上赞助商或广告主名称，进行品牌宣传、扩大品牌影响的广告形式。例如，我们在看一些综艺节目的时候，会发现在节目开始之前主持人会介绍本节目由××冠名播出。这类广告的金额一般比较大。
2）贴片广告。贴片广告是随着短视频的播放加贴的专门制作的广告，一般会加在片头、片尾。这种广告到达率比较高，但是相较于其他广告形式，带给创作者的收入会低一些。这类广告的出现会让用户感觉突兀，与短视频本身内容有些不相关，可能会给用户带来不好的观感体验。
3）植入广告。植入式广告是将某品牌商品置入短视频情节当中，让用户在不知不觉中熟悉或重复记忆这一商品。例如，某主播在介绍自己玩某游戏时就顺便为某手机做了一个广告，这种植入广告的分成也是可观的。这种广告不像前两种广告那么生硬，自然而然地融入视频内容中，其用户接受度相对较高。

（四）"粉丝"变现

"粉丝经济"目前对于大家来说已不再陌生，无论在什么行业，"粉丝"都能带来持久的效益。如果创作者的短视频栏目已经获得10万以上的"粉丝"，就可以尝试运用变现方式，对"粉丝"进行精准营销，通过"粉丝"为团队带来收益。

（五）电商变现

电商变现是创作者通过发布的短视频，为一些店铺导量实现销售，从中取得一部分盈利的方式。可以是为创作者自己的自营电商宣传，也可以是为其他店铺宣传。

自营电商通常量身制定符合自我品牌诉求和用户需要的采购标准，来引入、管理、销售各类品牌的商品，以众多可靠品牌为支撑点凸显自身品牌的可靠性，将自身打造成为极具价值的品牌。自营电商的优点是针对用户的特点精准地提供商品，获得更多盈利。

（六）知识付费

优质的内容可以变成服务或产品。知识也可以变现。

1）创作者可以开设专栏，让用户通过付费订阅购买知识；做精品类图文电商，把自己的知识写成书进行售卖；去其他地方做讲师，得到一定邀请费。

2）创作者还可以把短视频和知识付费结合在一起，通过短视频的形式为用户解答专业领域的问题，从而使自己的知识变现，实现知识的附加价值。

（七）其他变现方式

1）版权变现。创作者通过将有版权的内容授权他人而获得相关收益。例如，一些畅销小说的作者把自己作品的版权授权甚至转让，让别人用来拍电影、拍电视剧。成熟的短视频团队如果拥有了较大的影响力，就可以通过出售版权盈利。

2）媒体影响力。创作者可以在短视频平台上转发其他账号的内容，帮助其他账号进行推广。利用媒体影响力变现有几种常见的形式：微博—微任务、微信公众平台—流量主，以及第三方的自媒体营销平台，如微播易、领库等。创作者利用自身的影响力帮助其他账号甚至广告主进行宣传。可以从两个角度对短视频的影响力进行数据化的衡量：一个是"播放量"（需要评估短视频在某个渠道或全网的播放情况）；另一个是"粉丝数"。

3）培训变现。以短视频账号"二更"为例，他的二更学院吸引了很多学员，迎合了很多影视机构想要参与内容生产但又无法掌握短视频制作规律的需求。他制作了系列课程，让大家进行实操训练。

4）教育变现。一些知识类方向的短视频创作者，如美妆类、服装搭配类、瘦身健身类创作者等，可以根据自己的"粉丝"数量，或者团队影响力，出版相关的书籍，这也是一种变现方式。

5）周边衍生品。"同道大叔"凭借扎实的绘画功底和创意，以及一系列星座吐槽漫画而走红。"同道大叔"不仅出书，还制作了12星座的卡通形象，使其成为热销产品。由此可见，周边衍生品的收入也是非常可观的。

当创作者有一定资源和能力后，可以尝试拍网络小电影。如果小电影的内容非常优秀，并且宣传推广做得好，就会变现。创作者还可以通过流量联盟互相交换流量，提高人气和访问量。变现还有一些更简单和直接的方式，如融资，通过找到合适的投资方，为创作者的创意买单，实现变现。

技能训练 8-1 任选下列两个脚本之一，根据要求拍摄短视频

1）淘宝主图奶粉拍摄：要求时长 20 秒，进行颗粒展示、冲泡展示。具体要求如表 8-1 所示。

表 8-1 淘宝主图拍摄

项目拍摄：奶粉拍摄						
镜号	景别	镜头	内容	文案	时长/秒	音乐
1	全景	平拍左右移	介绍场景	××品牌	2	轻柔
2	全景	平拍上下移	展示包装		2	
3	中景	平拍左右摇镜	展示独立包装	独立包装方便携带	3	
4	近景	定拍	展示 logo	品质保障	3	
5	特写	定拍	奶粉倒进杯子		4	
6	特写	俯拍推镜	勺子在杯子搅拌	速溶加锁鲜工艺	4	
7	中景	平拍左右移	包装和杯子全景	省钱省心更新鲜	2	特效音

2）情境短视频拍摄：要求时长 20 秒，拍摄情境短视频。具体要求如表 8-2 所示。

表 8-2 情境短视频拍摄

镜号	景别	画面	分镜头长度/秒	人物	台词
1	中景	杜海和小紫分坐在餐桌两侧，默默无声，低头喝茶	2	杜海、小紫	
2	近景	小紫紧张不安	3	小紫	杜海，最近有一个男生追求我，我该怎么办

续表

镜号	景别	画面	分镜头长度/秒	人物	台词
3	特写	杜海看着小紫	2	杜海	（内心独白）我最喜欢的女生啊
4	特写	杜海嘴角抿起，垂下头	2	杜海	没事，喜欢他就同意吧
5	近景	杜海的胳膊支在桌子上，端起茶杯	1	杜海	喝茶吧
6	特写	桌子突然晃得厉害，茶水洒了出来	2		
7	特写	杜海面带疑惑地看着小紫	2	杜海	你怎么这么紧张
8	特写	小紫摇摇头	2	小紫	我不紧张啊
9	全景	小紫离开座位，杜海的手在剧烈抖动	2	杜海、小紫	

技能训练 8-2　主流短视频剪辑软件及功能分析

分析 5 款主流短视频剪辑软件的主要功能、特点及应用范围，填入表 8-3。

表 8-3　主流短视频剪辑软件及功能分析

剪辑软件	主要功能	特点	应用范围
Premiere			
爱剪辑			
剪映			
巧影			

第二节　直播电商

一、直播电商概述

2020 年的新冠肺炎疫情对人们的生活造成了一定影响，但也为直播电商的发展创造了良好条件。直播购物已经成为一种新型的购物方式。直播如何带动电子商务销售？直播+电子商务背后的商业逻辑是什么？

直播电商是正和博弈，直播购物集"粉丝"人设、专业选品、直观展示、实时互动等优势于一体，缩短了流通时间，节约了信息沟通成本，提升了用户购买转化率，使产业链各方受益。与此同时，直播电商衍生及发展了更多附属业态与参与者，除了传统的品牌商与直播平台（含内容平台与交易平台），部分新兴品牌、带货主播、电子商务型MCN（multi-channel network，多频道网络）机构及第三方代播服务商等也把握时机迅速发展。此外，直播的人、货、场形式也更加丰富多元。

直播电商与传统电商存在巨大差异。

1）传统电商提供的产品信息有限，仅仅通过图文的方式来展示产品信息。有些产品甚至只有图片或只有文字，这就让用户心中存在疑惑。有些图片经过修图处理后，往往比实物更美观，这就造成了卖家秀和买家秀存在一定的偏差。直播电商可以让用户看到真实的卖家秀是什么样。用户可以得到更多关于产品的信息，可以更快速地做出消费决策。

2）传统电商展示的产品维度较单一。买家只有更加全面地了解产品，才能做出消费决策。直播电商通过多维度、立体化的呈现方式，通过主播对产品的体验、答疑，通过相关平台对产品的审核、背书，形成相对系统化的推荐机制，解决了用户购物前的体验问题。主播可以帮用户多维度了解产品和服务，实时解答用户心中的困惑。在很多时候，卖产品就是在卖服务，如果产品购前的服务做得不好，用户就会直接放弃购买。

3）传统电商缺乏社交行为，虽然可以让用户足不出户买到千里之外的产品，但在互动性、生动性上有所欠缺。直播电商具有天然的社交属性。直播是实时互动的，不仅可以让用户向主播提问，还可以进行弹幕交流。同一时间有很多用户分享经验、刷弹幕、下单购买，大家一起购物、一起找茬。对于产品好不好用、适不适用、价格是否公道等问题，在弹幕区就能看到回答，这对不想买或没有想好买不买的用户会产生一定的影响。

4）直播电商作为一种新颖的商业模式，与其他商业模式并无本质区别。商业模式的本质是以价值为核心，研究用户、企业、伙伴与产品之间的关系。商业模式的构成要素包括企业价值、用户价值、价值体系三大方面（图 8-1）。

图 8-1　商业模式的构成要素

二、直播电商发展背景与现状

直播电商是一种为了销售商品而将产品的生产过程和使用场景直播给用户的电子商务类型，其产品一般包括电器、服装、箱包、彩妆等与直播较为适应的产品。直播电商能够更为形象地将产品的功效和价值展现给用户，让用户判断该产品能否满足自己的需求。这种营销方式更易于推动用户做出消费决策，促使商家通过"直播+电商"的新商业模式创造更多营销手段。

我国直播电商始于 2016 年，在这一年国内出现了多家网络直播平台，有越来越多的用户通过直播电商购买自己所需要的商品。在这个时期，淘宝、京东等电子商务平台由于销售方式、售后问题等遭遇发展瓶颈，它们在探究新的突破性的创新之处，企图通过一种电子商务社区化的模式带动电子商务平台的发展，而直播电商的出现满足了它们发展与创新的需求。在这一年，淘宝、京东、唯品会等电子商务平台纷纷推出直播功能，开启直播导购模式；快手、斗鱼等直播平台则与电子商务平台或品牌商合作，布局直播电商业务。经过几年发展，越来越多的电子商务平台、视频直播平台、MCN 机构、品牌厂商参与到直播电商行业中。直播电商产业链基本成型，该行业进入高速发展期。

CNNIC 数据显示,截至 2021 年 12 月,我国网络直播用户规模达 7.03 亿,较 2020 年 12 月增长 8652 万,占网民整体的 68.2%。其中,直播电商用户规模为 4.64 亿,较 2020 年 12 月增长 7579 万,占网民整体的 44.9%。2017~2019 年,中国直播电商 GMV 高速增长。2019 年直播电商 GMV 为 3900 亿元,同比增长 114%。2020 年,中国直播电商 GMV 达到 6000 亿元,在电子商务市场渗透率达到 5.5%。

直播电商快速崛起主要得益于电子商务平台对直播电商的持续加码、用户直播购物消费习惯的逐渐养成,以及直播电商产业链的逐渐发展成型。直播电商在电商市场的整体渗透率仍然较低,未来仍有较大发展空间。受新冠肺炎疫情影响,直播电商在多个行业的关注度均有提升。2020 年,新冠肺炎疫情对我国传统线下销售方式产生了不小的影响,同时推动网络直播的飞速发展,现今直播购物已经成为人们购物的一种常态化方式。

三、直播电商主要平台及特点

直播电商行业作为近年来高速发展的网络购物形态,其市场规模不断扩大。目前,直播电商产业链主要由六大部分构成,分别为 MCN 机构、主播、零售电商、短视频平台、社交平台和服务商。我国主流电商直播电商模式分析如表 8-4 所示。

表 8-4 我国主流电商直播电商模式分析

直播平台	平台属性	商品属性	带货模式
淘宝直播	电子商务	淘宝体系内全品类	商家自播、明星直播、达人直播
京东直播	电子商务	京东电商全品类	帮助主播专业内容+品质供应链
苏宁易购	电子商务	苏宁易购优势品类	达人、店铺直播
多多直播	社交+电子商务	百元以上的中高端产品为主	定位更偏向于工具,以店铺直播为核心
抖音	社交+内容	美妆+服饰百货	短视频+直播带货、种草转化
快手直播	社交+内容	百元内低价商品为主	达人直播、打榜、连麦等
哔哩哔哩直播	内容社区	内容电商+直播带货	以视频种草为主
小红书	种草基地	美妆类为主	直播+笔记
微博	社交+内容	服饰、生活用品、鞋帽配饰等非标品类	话题搜索+直播+名人背书
腾讯视频	社交+内容	服装、美食、数码等有线下店铺的商品	公众号+小程序+直播

从市场规模来看,2020 年我国直播电商可分为三大梯队,第一梯队是淘宝直播平台,其市场份额占比最大;第二梯队是快手、抖音两大短视频平台;第三梯队是京东、拼多多、唯品会等平台。前瞻产业研究院《2021~2026 年中国网络直播行业商业模式创新与投资机会深度研究报告》数据显示,2017~2019 年淘宝、快手和抖音的直播交易规模都呈稳定增长态势。2019 年,这三大直播平台的交易规模分别为 2000 亿元、1500 亿元和 400 亿元。2020 年,淘宝与快手、抖音的竞争差距有所扩大,淘宝的市场份额占比过半,抖音、快手的市场份额占比分别为 21% 和 26%。

（一）直播电商平台主要类型

1. 电子商务平台直接镶嵌直播功能

电子商务平台镶嵌直播功能其实已经被许多电子商务界顶级企业所应用，如淘宝、京东，它们都是在自己的平台中镶嵌相应的直播功能，相当于把直播变成电子商务的"附属品"。电子商务平台镶嵌直播功能的模式一开始主要是利用电子商务平台的流量带动直播流量，等直播拥有充足的固定流量之后，再利用直播的流量反哺电子商务平台。采用这种模式的电子商务多数偏向于利用主播等推广一些性价比高、价格能够被大多数用户接受的大众消费品，在短时间内达到促销的目的。直播营销的效果足够好，甚至可以让一些"平价"商品脱销。这种在短时间达到"促销效果"的"直播+电商"模式，被大多数喜欢网购的年轻人所接受，并且能让这些年轻人在观看直播时自然而然地产生购买的想法。这是目前大多数电子商务平台喜欢采用的模式。

2. 直播平台通过商品链接与电子商务平台发生关系

抖音、快手及其他一些专业直播平台会在直播时挂上某产品的购买链接，但是在相应的直播结束后，会马上拿下链接，并不会长期摆放。虽然这种模式可以带来更多的利益，但是现在大部分专业直播平台的利益来源还是以吸引"粉丝"消费为主。也就是说，直播平台挂上电子商务链接虽然可以进行产品销售，但可能会影响"粉丝"对直播的体验，造成平台的流量损失。

3. 以直播为主打的内容电子商务平台

以直播为主打的内容电子商务平台的代表是小红书，小红书是针对国内年轻女孩的美妆直播电子商务平台。主播在小红书上进行直播，分享护肤、化妆的知识，为用户提供可选择的相关产品。年轻的女孩可以在小红书上看到自己想要的美妆内容，并且可以在站内直接购买产品。这种方式使流量的变现渠道变得更加广泛，强化了直播营销的内容。

这种模式让直播带有明显的营销色彩。用户在观看直播内容的时候，就已经有了看广告的心理准备，因此，在内容方面只要符合相应的产品推广价值，就不会让用户产生太大的排斥心理。这种模式还打造了一个直播与电子商务互利共生的平台，使直播与电子商务处于相同的位置。

（二）典型直播电商平台发展现状

目前抖音和快手被广大用户所喜爱，已经成为人们生活、娱乐的重要渠道。前瞻产业研究院《2021～2026年中国网络直播行业商业模式创新与投资机会深度研究报告》数据显示，抖音、快手现稳居短视频第一梯队。但是两者的用户群体略有不同，抖音更受

一、二线城市用户的欢迎与喜爱，其内容更加符合潮流与多样化；快手的用户则以三、四线城市和农村地区为主，其产品以高性价比产品为主。抖音适合品牌方进行基于头部 KOL（key opinion leader，关键意见领袖）的品牌营销。抖音为品牌方提供了大量头部 KOL 资源，支持 KOL 结合品牌特征挖掘内容创意，带动品牌吸引更多用户。快手围绕"老铁关系"形成"先认人，再认货"的商业转化模式。快手通过快手小店沉淀私域流量，为用户打造最短的购买链路（从产生消费意愿到完成购买）。用户的忠诚度越高，快手小店产品的转化率越高。

本 章 小 结

1）随着短视频变现趋势日益明朗，短视频创作成为电子商务从业者的必备技能。短视频创作从内容选择到摄影/剪辑、宣发/运营、变现都日趋团队化、专业化，其发展前景广阔。当前主流的短视频平台如抖音、快手等虽然拥有海量用户，但红利时代已经结束，进入存量为王的时代，以内容为核心。在创作过程中，创作者要坚持社会主义核心价值观，弘扬中华优秀传统文化，坚决拒绝违反我国法律法规及不符合主流价值观的创作导向。

2）直播电商作为一种新型的电商模式，相比于传统电商，具有多维度、立体化的呈现优势，具有强社交属性、兴趣购物等特点，自 2019 年新冠肺炎疫情暴发以来，直播电商重构了"人、货、场"要素，有效解决各方痛点，且自身的生态系统日益完善，处于高速成长期，成为企业塑造品牌形象、构建全新业态的重要利器。但是直播电商在发展过程中也存在问题，如退货率居高不下、数据虚假等问题。这促使国家出台相应的政策来净化、规范直播电商行业。直播电商只有告别虚假繁荣才能走得更远。

同 步 训 练

一、单选题

1. 下面关于私域流量描述正确的是（　　）。
   A．私域流量是相对于百度、淘宝、京东这些公域流量提出的
   B．私域流量获取很简单，只要砸钱即可
   C．私域流量获取的用户与企业形成的是"强关系"，可以实现相互直接沟通，其用户活跃度更高，其营销转化效果也更好
   D．私域流量按次收费，意味着每获取一次流量，就要相应投入一笔费用

2. 关于直播产品与发货产品包装不一致，正确的做法是（   ）。

    A. 发货后和用户解释，因客观原因已更换商品包装

    B. 不需要解释，只是包装不一样，只要内容物一致就不会有问题

    C. 新包装规格更大更好，用户赚了便宜，因此不需要解释

    D. 直播前确认发货产品是否和展示样品一致，并在直播中清晰说明

3. 以下属于短视频平台的是（   ）。

    A. 抖音   B. 喜马拉雅   C. 今日头条   D. 新浪微博

4. 短视频营销火爆，各大品牌也都纷纷试水，那么关于品牌商家如何更有效地利用短视频营销，以下说法不正确的是（   ）。

    A. 找到一个能引爆用户群的"社交话题"

    B. 品牌传递"场景故事"化

    C. 打低价持久战，吸引用户

    D. 利用"红人资源"构建情感纽带

5. 短视频及直播近两年发展非常迅速，以下关于短视频和直播发展趋势的分析不正确的是（   ）。

    A. 移动互联网及 5G 时代的到来，催生了短视频和直播行业

    B. 直播在内容传播、用户互动的效果方面远远强于图文内容

    C. 我国的短视频行业兴起于 2019 年，且发展迅速

    D. 短视频的商业变现方式主要有广告、电商变现

6. 在网络经济时代，最稀缺的资源是（   ）。

    A. 资本   B. 信息   C. 人的注意力   D. 土地

7. 梨视频的内容大多由（   ）来提供。

    A. 专业人员   B. 职业人员   C. 新闻主播   D. 普通用户

二、多选题

1. 短视频在当今社会中迅猛发展的原因有（   ）。

    A. 用户碎片化时间增多   B. 互联网信息技术的飞速发展

    C. 智能手机的和计算机的普及 D. 网络流量资费的下降

2. 根据制作团队不同，可以将短视频分为（   ）。

    A. MGC   B. UGC   C. IGC   D. PGC

    E. OGC

三、思考题

1. 结合自身体会谈谈短视频的兴起和发展的客观原因。

2. 直播电商与传统电商有哪些差别？

第九章
农 村 电 商

知识目标

1. 掌握淘宝村的定义与发展现状。
2. 了解农村电商发展现状。
3. 了解电子商务扶贫与乡村振兴。

能力目标

1. 能够分析淘宝村的发展现状。
2. 能够分析当前农村电商的发展现状。
3. 具备结合实际条件设计和实施乡村电子商务运营方案的能力。

素质目标

1. 综合运用电子商务理念和技术发现问题、解决问题。
2. 具备创业创新综合素质，能在农业领域发现新的创业机会。
3. 具备服务农村的意识。

思政目标

1. 关心时事政治，响应国家号召，对国家乡村振兴相关规划有明确的认知。
2. 有服务农村、农业、农民的意识，能够结合当地实际提出可行的农村电商解决方案，为实现共同富裕而奋斗。
3. 具备政治意识、大局意识，熟悉国家农村政策、文件精神，了解国家在电子商务扶贫、乡村振兴方面的方针政策。

■▫ 引言 ▬▬▬▬▬▬▬▬▬▬▬▬▬▬▬▬▬▬▬▬▬▬

第九章　引导案例

2009～2019年，中国淘宝村走过了波澜壮阔的十年。从2009年的3个淘宝村，到2019年全国25个省（自治区、直辖市）的4310个淘宝村，淘宝村无论是在数量上还是在分布广度上都发生了质的飞跃。

第一节　淘宝村现象解读

一、淘宝村的定义

淘宝村是阿里研究院定义的一个独特称谓，指大量网商聚集在农村，以淘宝为主要交易平台，形成规模效应和协同效应的电子商务生态现象。淘宝村的认定有3条标准：①经营场所在农村地区，以行政村为单元；②全村电子商务年交易额达到1000万元以上；③本村活跃网店数量达到100家以上，或者活跃网店数量达到当地家庭户数的10%以上。

在发展模式上，全国各地的淘宝村可以分为两大类。

1）一开始没有自己的农村土特产或其他无形的服务类产品，通过创新意识或理念慢慢发展起来的淘宝村，如江苏省睢宁县沙集镇、江西省分宜县双林镇。

2）基于本地特色产业的淘宝村，如山东省博兴县湾头村、河北省白沟镇、山东省曹县等。

淘宝村之所以能迅速发展，是因为低门槛、低风险的经营模式，返乡人员的连锁效应和农民对幸福生活的渴求。首先，淘宝店门槛低、经营规模小、消费群体广的特征非常巧妙地迎合了收入偏低的农民群体的创业需求；其次，在外务工的农民选择返乡进行淘宝创业并收获颇丰，起到先行示范效应，带动了其他村民淘宝创业的热情；最后，农村淘宝创业模式能让农民足不出户赚钱养家，使农民群体的幸福指数直线上升。因此，淘宝创业成为农民走出村落、接触世界的有力途径，也成为农民的创业首选。

二、淘宝村发展现状

淘宝村的发展历经了萌芽期（2009～2013 年）、扩散期（2014～2018 年）、爆发期（2019 年至今）3 个发展阶段（图 9-1）。

1）萌芽期。城市的边缘人群接触到电子商务，成为草根创业者，在自家院子里创业，自发成长。

2）扩散期。淘宝村的财富效应迅速向周边村镇扩散，形成淘宝村集群。政府开始有序引导和支持淘宝村的发展，使淘宝村产业空间的规模化建设与配套设施全面发展。

3）爆发期。伴随着人居环境的全面优化和乡村治理体系的现代化转型，淘宝村的产业生态呈现大爆发式发展，向企业化、生态化、新型工业化发展。

萌芽期	扩散期	爆发期
2009～2013年	2014～2018年	2019年至今
① 草根创业	① 集群发展	① 企业化
② 自发成长	② 政府引导和支持	② 生态化
③ 自家院子里创业	③ 产业空间规模化建设与配套设施全面发展	③ 新型工业化

图 9-1 淘宝村发展阶段

2019 年，淘宝村已经广泛分布于 25 个省（自治区、直辖市）。大部分淘宝村位于东部沿海地区，沿海 6 省（浙江省、广东省、江苏省、山东省、河北省、福建省）共计拥有 4113 个淘宝村，占全国淘宝村总数的 95.4%。其中，浙江省淘宝村超过 1500 个。2019 年，中西部和东北地区淘宝村超过 150 个，在中西部省份中，河南省的表现尤其抢眼，其淘宝村数量达到 75 个。同时，黑龙江省在 2019 年首次发现淘宝村，使淘宝村在省级层面的分布范围进一步扩大。2019 年淘宝村数量城市排行榜如表 9-1 所示。

表 9-1　2019 年淘宝村数量城市排行榜

省份	城市	淘宝村数量	全国排名
浙江省	金华市	334	1
浙江省	温州市	324	2
山东省	菏泽市	307	3
浙江省	台州市	260	4
福建省	泉州市	205	5
浙江省	宁波市	175	6
江苏省	宿迁市	174	7
浙江省	嘉兴市	171	8
浙江省	杭州市	167	9
广东省	东莞市	148	10
江苏省	苏州市	135	11
江苏省	徐州市	130	12
广东省	广州市	124	13
广东省	揭阳市	108	14
广东省	佛山市	98	15
河北省	邢台市	98	15
广东省	汕头市	94	16
广东省	潮州市	92	17
河北省	石家庄市	74	18
广东省	中山市	56	19
江苏省	无锡市	56	19
浙江省	湖州市	53	20

（数据来源：阿里研究院, 2020. 2020 中国淘宝村研究报告[EB/OL]. (2020-10-20)[2021-08-21]. http://www.100ec.cn/detail–6573965.html.）

三、淘宝村与乡村振兴

淘宝村广泛分布在全国 398 个县（区），这些县（区）的人口总数超过 2.5 亿。淘宝村在增加农民收入，带动返乡创业、灵活就业、产业兴旺、减贫脱贫，促进乡村振兴等方面凸显出重要的经济、社会价值。

（一）增加农民收入

淘宝村可以形成显著的财富效应。在淘宝村的形成和发展过程中，最主要的发展动力是农户创业致富的内在需求。这种内在需求推动当地农户变身为网商，使淘宝店从无到有、由少到多发展起来，从而使农民摆脱贫困、走向富裕。

世界银行报告指出，淘宝村的成功事例表明，数字技术能够助力中国农村经济包容性的增长，也能够降低创业所需技能的门槛，便于个人（包括受教育程度较低的人）参与电子商务并实现增收。

（二）带动创业就业

以互联网为基础的数字经济解决了信息不对称的问题，通过技术赋能为农民提供全新的上升通道。农民不用再东奔西走，通过互联网就可以连接全国统一大市场，在家里就可以完成创业、就业。

淘宝村逐渐集聚创业人才、电子商务服务、配套政策等，成为创业的热土。可以说，一个淘宝村就是一个草根创业的孵化器。

（三）促进产业兴旺

2019年，淘宝村集群达到95个，大型淘宝村集群达到33个，超大型淘宝村集群达到7个。在淘宝村集聚化发展的县、市，电子商务对产业的直接和间接促进作用尤其明显。

以超大型淘宝村集群为例，浙江省义乌市的小商品、山东省曹县的演出服、浙江省永康市的健身器材、浙江省温岭市的鞋、江苏省睢宁县的家具、浙江省慈溪市的小家电、浙江省乐清市的电工电气产品等，电子商务年销售额达数十亿元甚至上百亿元，有力地促进了当地企业发展和产业升级。

阿里研究院《中国淘宝村研究报告：淘宝村十年历程》数据显示，以江苏省睢宁县为例，全县已培育电子商务家具企业168家，有通过ISO9001质量管理体系认证的电子商务家具企业近200家，有电子商务领域专利授权近1000件，有注册商标4339个，有市级以上知名商标13个。

（四）促进减贫脱贫

阿里研究院《中国淘宝村研究报告：淘宝村十年历程》数据显示，2019年全国有超过800个淘宝村分布在各省级贫困县，比2018年增加200多个；有63个淘宝村位于国家级贫困县，比2018年增加18个。国家级贫困县的淘宝村年电子商务交易额接近20亿元。2014～2019年国家级贫困县淘宝村数量如图9-2所示。

贫困地区的淘宝村发展起来后，村民获得多样的就业、创业机会，收入持续增加，最终实现脱贫致富。

2018年11月，世界银行行长金墉在首届中国国际进口博览会上表示，贵州在5年内将贫困率从27%左右降到了8%。减贫的两个最重要的推动因素是淘宝村形式的电子商务和大数据，现在贵州的猕猴桃等特色产品已销售到中国的很多省份和世界各地。

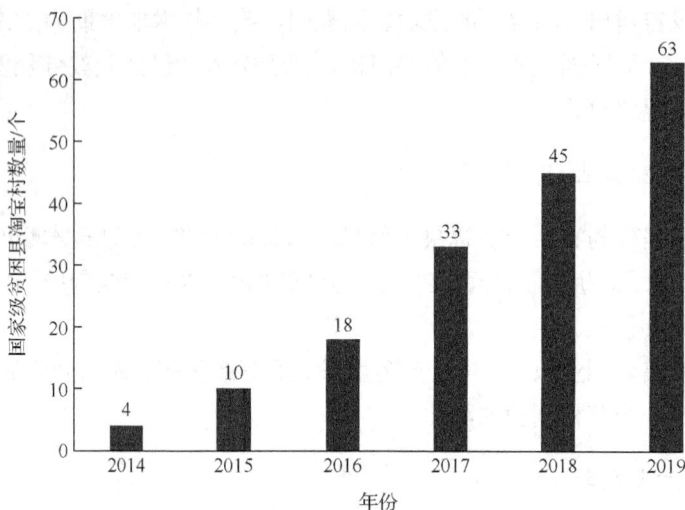

图 9-2 2014～2019 年国家级贫困县淘宝村数量

（数据来源：阿里研究院，2020．2020 中国淘宝村研究报告[EB/OL]．（2020-10-20）[2021-08-21].
http://www.100ec.cn/detail--6573965.html.）

（五）促进乡村振兴

淘宝村已经成为实施中国乡村振兴战略的有效手段之一。

淘宝村吸引进城务工的农民返乡创业，使村庄重现了生机与活力，在淘宝村里几乎见不到留守儿童和空巢老人。

回到农村的创业者借助互联网平台、电子商务生态系统，将产品卖到全国各地，推动当地产业的兴旺发展。村里人人有事做，人人安居乐业，很多问题都因经济发展而得到解决。

农民因增收而过上富裕的生活，对住房、交通、医疗、教育、环保等有了更高的追求。富裕起来的农民有参与推动生态宜居、治理创新、乡村文明的积极性，当地政府更想方设法留住这些成长起来的企业和企业家，他们共同推动了农村地区信息基础设施、生活基础设施的提升。

第二节 农村电商发展现状

一、农产品电子商务的营销模式

在国内市场，无论是电子商务平台还是传统的线下超市，甚至物流企业都踊跃地加入农产品电子商务的争夺战中。无论是何种形式的农产品电子商务，其核心都是产品的稳定供应、物流配送的低损耗和快速便捷，以及后续可持续发展的增值服务和品类拓展。如果把电子商务环境看作一个生态环境，则有大型综合电子商务平台存在的空间，就有"小而美"的社区电子商务存活的空间和机遇。它们互补形成一套电子商务体系，使具体的营销模式呈现多样化。农产品电子商务的营销模式有以下几种类型。

（一）供应链驱动型营销模式

供应链驱动型营销模式的典型代表是顺丰优选。它依托顺丰集团的物流与配送优势，可以快速占领全国市场。上游的货源越丰富，下游的配送优势就越明显。

（二）营销驱动型营销模式

营销驱动型营销模式的典型代表是本来生活网。如果农产品的故事性强，就容易制造传播热点，从褚橙、柳桃到潘苹果，从四大美莓到阳澄湖状元蟹，背后都有本来生活网的影子。它的核心是以营销带动产品流量和销量，其面临的挑战是需要不断推陈出新。

（三）产品驱动型营销模式

产品驱动型营销模式的典型代表是沱沱公社。它依靠自建的有机农场坚持销售高品质产品，并在全国大力发展联合农场，力求通过严控品质获得忠实消费者，以产品驱动消费，且稳扎稳打，其面临的挑战是适应瞬息万变的市场节奏。

（四）渠道驱动型营销模式

渠道驱动型营销模式的典型代表是天天果园。它依靠自身对水果市场的专业理解，单一聚焦水果品类，开拓电子商务、微信、电视购物、广播电台等各类销售渠道，其面临的挑战是提升跨区域配送的服务能力。

（五）服务驱动型营销模式

服务驱动型营销模式的典型代表是遂昌网店协会。当地政府倾力支持企业独立运营，他们为本地的中小卖家（农户）提供培训、开店、营销、仓储、配送等标准化服务，凭借自身专业服务实现市场价值。

二、农产品电子商务的运营

农产品电子商务的运营受到地方政府的高度重视。互联网正在向农业领域深度渗透。越来越多的人特别是返乡创业青年，选择将本地的农业特色产品利用电子商务途径销售出去。

（一）农产品电子商务遵循的三原则

1）发展农村电商，必须借助县级以上政府的公信力。当地政府凭借强有力的组织和支持，为农产品质量做初级的信用背书，为第三方企业提供公司注册、税收、资金等方面的实际性支持。多数农户耕地小而分散，因此资源性的整合尤其需要借助政府的力量。

2）要把农产品卖得更贵更远，必须实现专业的品牌化。农产品品牌化运作为农产品实现溢价增收提供了先决条件。例如，联想集团战略投资高端水果品牌"佳沃"。因为打造品牌是一个长期战略，所以其更大的价值在未来市场。

3）体现农产品品质，必须借助地域特色找出差异化。农产品市场还存在劣币驱逐良币的现象，让用户耳熟能详的多半是"地域品牌"，而非产品品牌。地域品牌的最大问题是优劣产品都可以用，就像现在很难辨识谁是正宗的阳澄湖大闸蟹一样。如果用户对市场失去了正确的判断，则对行业是毁灭性的打击。每个地域都有其唯一性，经纬度、温度、湿度、光照时长、土壤结构等不同，会生长出具有明显地域特色的农产品，因此我们需要在此基础上挖掘产品的特色卖点，进行专业化的品牌化包装。

（二）农产品电子商务理顺运营思路

1）产品：有让人放心的产品是基础。
2）标准：有让人放心的产品，但不能形成标准化商品，也难以体现其价值。
3）物流：有让人放心的产品，能形成标准化商品，但不能保证运输和配送，也难以实现其价值。
4）服务：有让人放心的产品，能形成标准化商品，能解决运输和配送问题，但服务水平跟不上，会失信于用户。

（三）农产品电子商务运营模式的选择

1. 农户同大平台结合

不同的农户聚集在同一平台上，自己控制自己的产品品质，通过评价优胜劣汰，将电子商务作为一个销售渠道。平台上的产品一般会面临激烈的比价问题，在比价中胜出的产品比较能满足中低端用户的需要。农户不一定能够自己完成所有环节，因此会催生出一些为他们提供服务的电子商务运营公司。对这些公司来说，很容易产生自己做平台的想法，其面临的最大挑战是如何获取足够的流量去吸引商家入驻。

2. 农户同物流公司结合

农产品电子商务强调农户与供应链和物流配送体系的结合。当然只有专注于农村电商的物流公司，才可以与农户结合。例如，顺丰快递，选择做农产品电子商务有着其他平台所不具备的优势——拥有国内最庞大、最受用户认可的快递队伍。

3. 致力于区域内深耕的小而美的垂直电子商务

这类垂直电子商务将销售与 O2O 结合，深耕本地，做好 O2O 即线上与线下结合；专注服务于中高端人群。这个人群的用户数量不多，但客单价和盈利空间都比较好。在激烈的市场竞争中，电子商务拼的就是如何把运营做得更细致、更专业、更有创新性，把品质和服务做好，在老用户中拥有良好的口碑非常重要。

三、县域电商发展现状和趋势

（一）全国县域电商发展现状

随着电子商务在县域地区的渗透与发展，相关政策扶持、标准制定、品牌建设、特色产业培育、农产品上行等体系逐步完善，县域电商逐渐进入高质量发展阶段。2020 年，我国县域网络零售额达 35 303.2 亿元，比上年增长 14.02%，占全国网络零售额的比重为 30%，比上年提高 0.9 个百分点，其中县域农产品网络零售额为 3507.6 亿元，同比增长 29.0%。

1. 县域电商进入规模化发展新阶段

近年来，县域电商快速发展。在乡村振兴战略实施的背景下，支持农村电商、农产品电子商务、乡村人才发展的重要政策文件接连出台，使县域电商进入规模化发展新阶段。

2. 农资绿植网络销售增长迅速

欧特欧监测数据显示，2020 年全国县域网络零售额排名前 5 的品类是家居家装（7998.27 亿元）、服装服饰（6751.38 亿元）、家用电器（3752.57 亿元）、食品酒水（3695.59 亿元）及母婴产品（2123.72 亿元），占比依次为 22.7%、19.1%、10.6%、10.5% 和 6.0%。从网络销售量看，家居家装（424.26 亿件）、餐饮美食（167.23 亿单）、食品酒水（126.34 亿件）、服装服饰（100.73 亿件）、计算机办公（87.71 亿件）排名前 5。从增速来看，虚拟商品、农资绿植和食品酒水分列前 3，同比增长依次为 56.22%、51.72% 和 37.73%，呈高速增长态势。受新冠肺炎疫情影响，家庭园艺热度提升，种菜、养花成为人们缓解情绪焦虑、增加生活乐趣的方式，使绿植网络销售额增长。

3. 电子商务产业集群化发展态势明显

2020 年，欧特欧监测数据显示，华东地区县域网络零售额为 21 486.3 亿元，占全国县域网络零售额的比重为 60.9%。华东地区县域电商发展一直领先全国，在全国县域电商发展中具有举足轻重的地位，已经形成了产业链条较为完整的电子商务集群。

从省、自治区、直辖市情况看，浙江省、广东省、江苏省的县域网络零售额排名前 3，分别为 10 392.7 亿元、6722.7 亿元、4605.2 亿元，合计占全国县域网络零售额的比重为 61.5%，区域集中优势较为明显（图 9-3）。

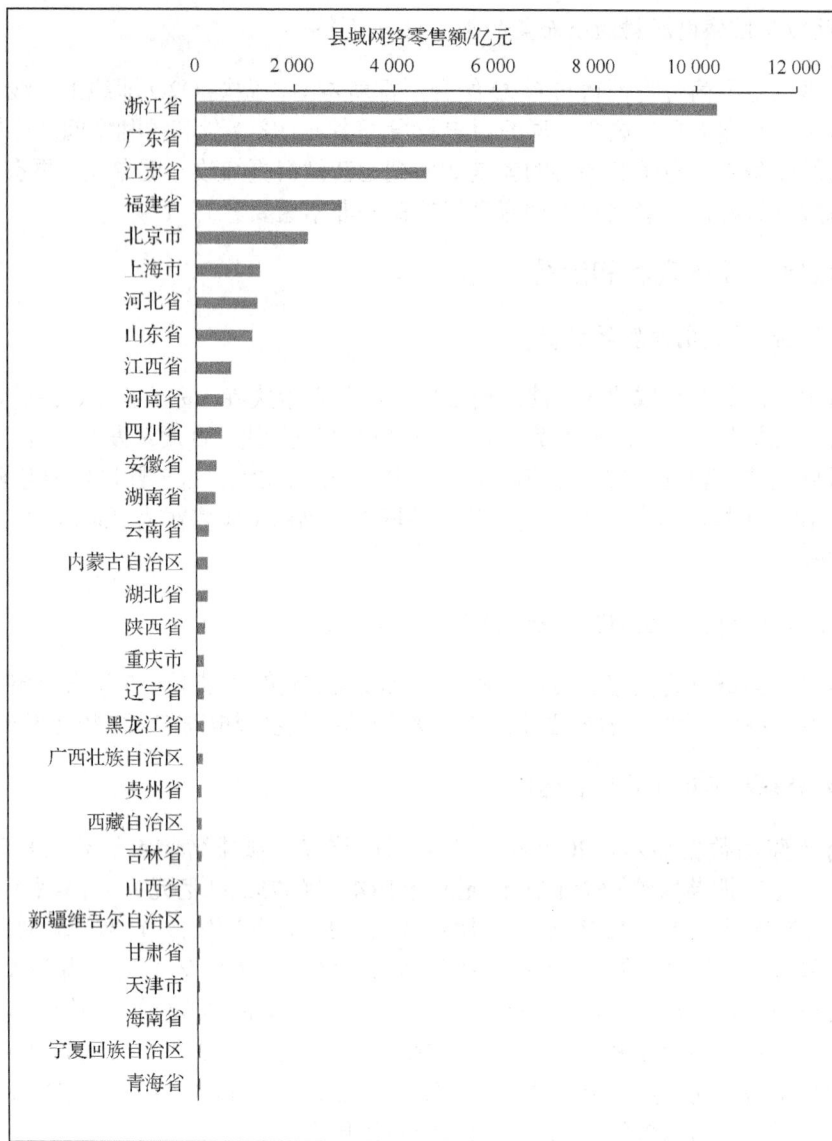

图 9-3　2020 年各省（自治区、直辖市）县域网络零售额情况

4. 县域网络零售持续释放扶贫兴农新动能

根据欧特欧的监测数据显示，在 832 个国家级脱贫县网络零售额排名方面，赣州市南康区连续两年排名第一，拉萨市堆龙德庆区、邢台市平乡县分列第二、三位；在热销品类方面，脱贫县热销品类更加多元化、细分化；在农产品上行方面，2020 年，农产品电子商务销售前 10 分别为西双版纳勐海县（普洱），文山州文山市（三七），宿州砀山县（水果），重庆丰都县（牛肉），岳阳平江县（豆腐干），重庆奉节县（脐橙），保定涞

水县（米、杂粮），吉安遂川县（腊肉），定西岷县（中草药），商丘虞城县（牛肉、牛奶）。这些地方以推动农产品网络销售、助农增收为切入点，通过电子商务扶贫带动脱贫地区可持续发展、走向乡村振兴。

（二）县域电商的发展趋势

1. 全面推进乡村振兴为县域电商发展提供广阔舞台

在脱贫攻坚目标任务完成以后，"三农"工作重心历史性地转向全面推进乡村振兴。随着乡村振兴战略的深入实施，制约农业农村发展的基础设施和公共服务突出短板将加快补齐，使土地、物流、人才、资金、技术等各类农村资源要素活跃起来，持续增强对县域农村电商发展的要素支撑作用，引领推动县域农村电商高质量发展。同时，在乡村振兴的背景下，政府要求加快农业农村现代化。农村电商作为服务农业农村发展的新动能，可全面对接农业生产、经营、管理和服务等环节，改变农民的生产、生活方式，加深城乡经济往来，是全面推进乡村振兴的重要抓手。

2. 内容电商在农村地区潜力巨大

新冠肺炎疫情加速了直播电商等模式在农村地区的渗透，为农村电商发展提供了新的渠道。直播、短视频等可以多维度展示和传播农产品的种植环境、生长过程及农耕文化等内容，带给用户更多的直观体验，在弥补农产品非标品短板、消除农产品安全质疑、提升消费信任度等方面拥有十分明显的优势。同时，乡村文旅直播、短视频带货在推广县域小众景区、特色民风民俗方面具有很好的效果。土生土长的主播围绕本地特色直接与用户在线互动，将乡村风光、民俗文化通过短视频生动呈现、传播给用户，有助于宣传推广乡村文旅品牌，丰富"旅游+农业"业态，为农副产品、风土人情等向文旅产品转化提供契机，有助于涉农产业链的提质增效。

3. 从推动城乡商贸流通迈向重塑县域市场价值

在大城市互联网人口红利逐渐消失的今天，淘宝、京东、苏宁、拼多多、抖音、快手均将视线转移到以县域为主的下沉市场，力求维持用户和流量的继续增长。农村居民通过电子商务接触到国内丰富、多元的消费大市场，其消费理念逐步转变，追求更高的消费品质和体验，激活了新的消费需求。数字化生活方式也影响着乡村青年，使在线教育、在线问诊、餐饮外卖、在线旅游、在线休闲娱乐等加速普及。数字化创新由点到线再到面，辐射性拓展延伸，从商贸流通到数字生活，让乡村居民生活更加便捷美好，使县域市场的商业化价值不断放大。

4. 助力农业农村数字化转型驶入快车道

在促进农业数字化转型方面，电子商务从流通端切入，逐步向农业产业链上游延伸，渗透到农业生产、加工、流通等环节，推进农产品生产、组织、管理、加工、流通、储运、销售、营销、品牌、服务等环节的互联网化，助力农业全产业链的数字化转型。借助消费端积累的大量用户数据，电子商务让农业生产按照用户的需求来确定种植、生产的品种和方式，与市场建立持续、稳定的新型供需关系，推进订单农业、定制农业、众筹农业、预售农业等创新发展。在推动数字乡村建设方面，在信息进村入户工程、国家电子商务进农村综合示范工程、"互联网+"农产品出村进城工程的带动和引领下，农村地区网络基础设施逐步得到完善，为数字农村建设提供了良好的基础。地方政府、电子商务企业等充分利用电子商务大数据，推动电子商务大数据与农业管理深度融合，巩固和拓展脱贫攻坚成果，助推智慧物流发展，使数据要素成为驱动农村电商助力数字乡村建设的重要抓手。

阅读材料 9-1

第三节　电子商务扶贫与乡村振兴

一、精准扶贫与乡村振兴政策文件解读

（一）精准扶贫的政策文件

2013 年 12 月，中共中央办公厅、国务院办公厅印发《关于创新机制扎实推进农村扶贫开发工作的意见》（中办发〔2013〕25 号）明确提出建立精准扶贫工作机制和健全干部驻村帮扶机制的工作要求。

2016 年 2 月，中共中央办公厅、国务院办公厅印发《省级党委和政府扶贫开发工作成效考核办法》。2016 年 3 月，中国人民银行、中华人民共和国国家发展和改革委员会（以下简称国家发改委）、中华人民共和国财政部（以下简称财政部）等 7 部门联合印发《关于金融助推脱贫攻坚的实施意见》。2016 年 4 月，中共中央办公厅、国务院办公厅印发《关于建立贫困退出机制的意见》（厅字〔2016〕16 号）。2016 年 5 月，中华人民共和国农业农村部、国家发改委、财政部等 9 部门印发《贫困地区发展特色产业促进精准脱贫指导意见》（农计发〔2016〕159 号）。2016 年 6 月，中华人民共和国国家卫生和计划生育委员会、国务院扶贫开发领导小组办公室（现为国家乡村振兴局）、国家发改委等 15 部门印发《关于实施健康扶贫工程的指导意见》（国卫财务发〔2016〕26 号）。2016 年 7 月，中华人民共和国交通运输部印发《"十三五"交通扶贫规划》。2016 年 9 月，中华人民共和国民政部、国务院扶贫开发领导小组办公室（现为国家乡村振兴局）等 6 部门印发《关于做好农村最低生活保障制度与扶贫开发政策有效衔接指导意见的通知》（国办发〔2016〕70 号）。2016 年 9 月，国家发改委印发《全国"十三五"易地扶贫搬迁规划》。2016 年 10 月，中共中央办公厅、国务院办公厅印发《脱贫攻坚责任制实施办法》（厅字〔2016〕33 号）。2016 年 10 月，中华人民共和国科学技术部（以下简称科技部）、中华人民共和国教育部、中国科学院等 7 部门印发《关于印发〈科技扶贫行动方案〉的通知》（国科发农〔2016〕314 号）。2016 年 10 月，中共中央网络安全和信息化委员会办公室（以下简称中央网信办）、国家发改委、国务院扶贫开发领导小组办公室（现为国家乡村振兴局）印发《网络扶贫行动计划》。2016 年 11 月，国务院常务会议审议通过教育脱贫攻坚五年规划。2016 年 11 月，国务院印发《国务院关于印发"十三五"脱贫攻坚规划的通知》（国发〔2016〕64 号）。2016 年 12 月，中华人民共和国人力资源和社会保障部、财政部、国务院扶贫开发领导小组办公室（现为国家乡村振兴局）印发《关于切实做好就业扶贫工作的指导意见》（人社部发〔2016〕119 号）。

（二）乡村振兴的政策文件

2018 年 9 月 26 日，中共中央、国务院印发了《乡村振兴战略规划（2018—2022 年）》（以下简称《规划》），按照产业兴旺、生态宜居、乡风文明、治理有效、生活富裕的总要求，对实施乡村振兴战略做出阶段性谋划，明确了至 2020 年全面建成小康社会和 2022 年召开党的二十大时的目标任务，细化、实化工作重点和政策措施，部署重大工程、重大计划、重大行动，确保乡村振兴战略落实落地。这是指导各地区、各部门分类有序推进乡村振兴的重要依据。

《规划》明确提出，深入实施电子商务进农村综合示范，建设具有广泛性的农村电商发展基础设施，加快建立健全适应农产品电子商务发展的标准体系。

2021 年 2 月 21 日，《中共中央、国务院关于全面推进乡村振兴 加快农业农村现代化的意见》（以下简称《意见》）发布，这是 21 世纪以来第 18 个中央一号文件。《意见》包括总体要求、实现巩固拓展脱贫攻坚成果同乡村振兴有效衔接、加快推进农业现代化、大力实施乡村建设行动、加强党对"三农"工作的全面领导 5 个部分。这也是继 2020 年 11 月总体部署以来，国家首次针对全面推进乡村振兴提出具体任务安排。

《意见》提出："全面促进农村消费。加快完善县乡村三级农村物流体系，改造提升农村寄递物流基础设施，深入推进电子商务进农村和农产品出村进城，推动城乡生产与消费有效对接。促进农村居民耐用消费品更新换代。加快实施农产品仓储保鲜冷链物流设施建设工程，推进田头小型仓储保鲜冷链设施、产地低温直销配送中心、国家骨干冷链物流基地建设。完善农村生活性服务业支持政策，发展线上线下相结合的服务网点，推动便利化、精细化、品质化发展，满足农村居民消费升级需要，吸引城市居民下乡消费。"

阅读材料 9-2

二、乡村振兴战略下农村电商优化路径

在乡村振兴战略下，贫困地区要挖掘自身区域经济特色，明确电子商务进农村的发展定位，选择合适的电子商务发展模式，整合地方资源，打造电子商务经济主体；当地政府要高度重视本地电子商务的发展，建立协作机制，加强市场监管；培育和发展电子商务市场主体，推进电子商务集群发展，建立电子商务公共服务体系，加大人才引进和培育力度；促进农村经济突破与转型，提升农村居民消费能力，实现就地城镇化；加快

发展农业产业转型、农产品高效流通，为现代农业发展提供坚实依托，促进农业、特色产业与电子商务相结合，有效推动农村经济持续、高效、稳步发展。

（一）农户联合与经济协作，为实现农业一体化奠定基础

贫困地区规模分散的农户生产单位和农村个体商贩很难在经济活动中确立其具有商业信誉的市场主体地位，因此分散经营的农户和个体商贩组织必须发展成为具有一定资本实力和经营规模的农协、合作社等经济合作组织或经济实体，以具备法人资格的经营单位对外进行经济交往，使农民成为真正意义上的市场竞争主体。

阅读材料 9-3

农户必须结成"同业联盟"，通过农户间的联合与经济协作，使农产品在瞬息万变的市场上稳妥而合理地实现其价值，为构建完善的农副产品市场体系、农业生产资料市场体系和农村资本市场体系奠定基础。农户同业联盟的组织形式是多样化的，有松散的"合作社+农户""公司+合作社+农户"组织模式，还有紧密型的"股份制龙头企业+基地+入股农户"组织模式。政府要采取平等、自愿的原则组建农业产品规模化经营的联盟模式，鼓励和支持农民发展多种形式的合作经济组织。

（二）统筹规划大数据下的农产品生产，解决农产品同质化问题

加快建设脱贫攻坚和产业发展大数据平台，完善农产品供求信息网络，建立健全农村产业动态监测机制，实施农业产业发展大数据的趋势分析，以及市场信息及时更新、多向传播，实时反馈。农业部门和扶贫机构要结合贫困地区农村的历史传统、资源禀赋、地质特征、市场需求及贫困户基础等制定科学合理的农村产业发展规划，充分利用大数据分析与大数据挖掘，有效调整农村产业结构、规模，优化产品种植结构。

（三）实施农产品品牌战略，推动农业生产转方式、调结构

品牌化是农业供给侧结构性改革的重要推力。企业、协会、媒体、政府要一起做好品牌规划、培育、评价和经营；通过大数据实现市场信息的对称，从而指导生产，推动农业生产和加工方式的转型升级，推动农业生产向"标准化、品牌化、电商化"的方向转变。

推进区域公共品牌建设，将市场容量大、附加值高的农产品列入区域公共品牌建设战略规划，建立和完善农产品的全产业链，提升农产品区域公共品牌的影响力；完善农产品品牌化建设支持政策，制定农产品品牌认证、推广、识别、延伸、展示、评价等多环节的规则，构建农产品品牌全程管理体系；培育农产品品牌主体，重点支持龙头企业，加强对农业经营组织联盟和"一县一品""一乡一品""一村一品"等主体培育，协同打造农业品牌；强化服务监管，建立健全农产品品牌目录和监管机制，及时发布农产品品牌红黑榜，加大品牌退出机制执行力度，通过加强监督检查，严格执行守信宣传和失信惩戒制度，通过电子商务平台进行信息公开披露，为打造优质农产品品牌、可持续发展营造良好的环境。

（四）形成线上、线下融合流通生态，有效解决"卖难"问题

农产品生产的地域性与消费的普遍性、生产的季节性与消费的全年性之间的对立关系，使其供需难以协调，尤其是生鲜农产品具有易腐易损性的特征，使农产品的季节性滞销屡见不鲜。因此，农产品电子商务要与区域实体经济生态圈充分融合，利用农产品区域和区域间的线下流通实体渠道，进一步提升区域的农产品线上消费能力，有效解决农产品"卖难"问题。农产品电子商务以县域电商平台为中间媒介：一是通过平台实现农产品本地消费，二是通过县域电商平台进行信息交互，采用线上推介、线下批发流转模式，三是基于全国性电商平台进行营销与交易。着力推进大数据下的信息交互，实现供需双方的信息对称。可以通过县域电商平台推动农产品区域流通，以及区域间的网络推广，还可以从全国农产品电子商务平台售卖信息中引入其他地区的优势农产品，从而真正解决农产品"买难卖难"问题。

（五）面向广大小散农户，建立健全农业质量追溯体系

农产品的可追溯性是保证农产品质量安全的关键，但对分散小规模经营农户进行溯源成本高。如何在分散农户生产经营条件下实现源头控制、事前监督，从而实现对农户生产、经营环节的质量安全控制是一个值得探讨的问题。具体措施包括：一是促使农业经营组织形式发生变化，让小规模经营的农户加入合作社、入股农业企业，形成农业生产联盟；二是加快土地流转，促进土地适度规模化经营，推动农业产业化发展，提高投入产出质量，优化土地资源利用。

还应完善产业链标准体系。建立健全多品类全产业链标准体系，制定大数据的动态可追溯标准，构建基于"标识、采集、交换"3个层次条码技术的农产品供应链，加强对农产品的种植（养殖）基地、加工生产、检验检测、运输、分拣、配送等环节的管理，实现"从种养到餐桌"全程溯源管理；利用大数据和物联网技术打造"来源可溯、去向可查、责任可追"的农产品食品安全体系，让用户能够通过扫描二维码快速查询购买的产品信息，从而放心食用。

（六）建立统一开放的电子商务市场，完善农村物流服务体系

1）应建立健全农产品市场体系，以电子商务园区为中心，聚集线下加工、仓储、物流产业，打破多部门之间的分割和区域封锁，加速建设统一开放的电子商务市场。我们应加强产销衔接力度，推进"农超对接""农社对接""农校对接"的直采直供模式，减少中间流通环节，大大降低流通成本。

2）进一步培育农产品综合加工配送企业和第三方冷链物流企业。政府应鼓励物流企业跨部门、跨地区聚合农村物流资源，引导物流企业通过兼并、重组、联合、合作等方式扩大规模、提高竞争力；支持农民专业合作社、农村经纪人、农产品流通企业等流通主体建设，形成主体多元、功能协调、相互配套的农村物流体系，同时发挥邮政系统、

供销社系统点多面广的优势，为农村物流提供优质服务。

（七）发展农村普惠金融，改善农村金融服务

伴随着农业供给侧结构性改革，农村互联网金融基础设施与服务也不断得到完善。互联网金融将成为农村经济发展的助力器。阿里金融、京东金融等互联网金融企业纷纷布局农村金融市场，对发展农村普惠金融、改善农村金融服务起着重要作用。

互联网金融相对于传统金融机构，在解决农村金融融资方面具有成本低、方便快捷等优势，拥有更广阔的市场和生存土壤。互联网金融可协调农村市场的资源调配和农产品流通，为农户提供及时准确的市场供需信息服务与资金支持。但农村互联网金融的风险监管薄弱，农村征信体系建设不完善，因此，政府要对农村互联网金融加强规范、引导、预警监测，以及进行有针对性的监督管理，建立与完善农村互联网金融的业务监管体系，实施对农村互联网金融的业务监管、信息监管，成立农村互联网金融协会，加强自律监管。只有加强农村互联网金融的规范化管理，才能进一步深化农村金融体制改革，激发农村经济发展动力。

（八）构建农村电商公共服务体系，服务百姓惠及民生

农村电商公共服务体系是电子商务进农村的载体，是贫困地区脱贫攻坚必不可少的环节。农村电商公共服务中心的实施建设，将有效利用电子商务商业模式，发挥区域经济综合优势，提升区域经济社会的运行质量与效率。

应构建县域电商综合公共服务体系，实施人才培训、技术指导、平台构建与农特产品品牌营销推广等服务功能。通过技术支撑及各方资源汇聚，开展人才培训，可提升电子商务企业与农户个体的电子商务应用水平；通过构建区域电子商务分销平台，为区域电子商务人员提供网络创业支撑，集成当地电子商务优势产品资源，与国内知名电子商务平台合作，建设第三方电子商务交易平台，获得推广资源的支持，提升区域公共品牌在电子商务平台的知名度，带动当地农特产品的销售，从而助推贫困地区从小规模分散经营到农业产业链优化的跨越式发展，并通过电子商务营销渠道助推区域生产、区域制造、区域生态旅游等优势资源的品牌建设。

（九）打通"互联网+贫困户"的教育渠道，加大电子商务人才培训力度

电子商务技能人才是发展现代农业的基础，是农村创业就业的骨干力量，更是建立扶贫脱贫长效机制的核心。必须将农村电子商务技能人才培训与精准扶贫脱贫挂钩，将建档立卡贫困户作为培训的重点人群，打造"互联网+贫困户"的直达式教育模式，通过农村电商技能人才培训和农村专业技术协会、科普示范基地，帮助部分农户利用电子商务实现创业就业。

应构建农村电商支撑体系，成立农村电商培训中心，快速推进农村电商人才培养。可采用线下集训和线上网络学习平台，并嵌入直播、微课、在线互动等新型培训方式，

保证培训的效果,推进农村电商人才培训的可持续发展。具体措施包括:一是在政府与行业协会的支持下,组织本地化讲师培训活动;二是构建线上电子商务人才教育孵化体系,把外部的资源和文化通过网络平台及时输送到贫困地区,提升农户网络信息接收与自我发展的能力。

电子商务日趋成为经济不发达地区区域经济发展新的着力点。应构建与完善网络扶贫下电子商务进农村的服务、物流、金融、质量溯源、人才培训体系,优化经济不发达地区区域经济空间布局,加快农村经济转型升级,推进精准扶贫可持续发展的"绿色"之路。

技能训练9-1 农产品电子商务运营方案设计

1)背景资料。

浙江省台州市临海尤溪镇,原名柚溪,因溪边多柚木(麻栗树)而得名。尤溪镇位于临海市区西南12千米处,现下辖19个行政村,有2.6万人,区域总面积135平方千米。尤溪镇南连黄岩长潭水库,西融括苍山国家森林公园。尤溪镇是典型的江南山区小镇,地形九山半水半分田,境内山川秀美,历史悠久,文韵深厚,先后荣获全国环境优美镇、浙江省旅游强镇、浙江省文明镇、浙江省森林城镇、浙江省农家乐特色镇、浙江省东海文化明珠镇等荣誉称号。

尤溪镇人民纯朴勤劳、自强不息。尤溪镇的古法技艺竹子造纸,其历史传承已有数百年,已成为非物质文化遗产瑰宝。勤劳的尤溪人民更是生产出了茶叶、柑橘、提子、竹笋、铁皮石斛、火龙果等多种地方特色农产品,建有江南玉提、铁皮石斛、樟基竹笋、高山茶叶等近10家特色农产品基地。尤溪镇的传统地方小吃有"八大碗""九大碗""十二碗",还有特色糕点灰青糕和番薯庆糕,吸引了八方游客前来。

2)请通过深入调研,结合农村农业产业实际和发展方向,为农村农产品设计电子商务运营方案。

3)方案大纲:①农产品电子商务运营思路;②农产品电子商务运营模式选择;③农产品电子商务运营策略。

本 章 小 结

1)淘宝村,这个中国独有的电子商务现象,在中国农村发展中写下浓墨重彩的一笔。2009~2019年的10年历程中,淘宝村覆盖全国398个县(区),影响人口超过2.5亿。淘宝村在促进脱贫减贫、实现乡村振兴等方面凸显出重要的经济、社会价值。

2)2021年,我国脱贫攻坚战取得了全面胜利。这离不开电子商务在精准扶贫上发挥的积极作用。在实施乡村振兴战略中,政府明确提出了深入实施电子商务进农村综合示范,建设具有广泛性的农村电商发展基础设施,加快建立健全适应农产品电子商务发展的标准体系等重要举措。明确电子商务进农村的发展定位，选择合适的电子商务发展模式，整合地方资源，打造电子商务经济主体，是乡村振兴的重要路径。全面建设社会主义现代化国家，最艰巨最繁重的任务仍然在农村。要推动现代服务业同先进制造业、现代农业深度融合，农村电子商务在实现共同富裕的道路上大有可为。

同 步 训 练

一、单选题

1. 关于我国农村电商的发展，以下说法不正确的是（　　　）。
    A. 近年来，我国农村电商发展形势喜人
    B. 我国农村电商依然有很大的发展空间
    C. 目前，我国农村电商中服务类产品的销售额占比最大
    D. 占绝大多数人口的农村地区在全国电商零售中所贡献的比例依然较低

2. 以下关于农村电商对我国农村地区发展影响的描述，不正确的是（　　　）。
    A. 农村电商丰富了农村人民的物质生活
    B. 农村电商促进了农村就业，对农村扶贫工作发挥了积极作用
    C. 农村电商的发展对传统的农耕经济起到了负面作用
    D. 农村电商对农村地区经济的发展起到了积极作用

3. 我国脱贫攻坚取得全面胜利是在（　　　）年。
    A. 2018　　　　　B. 2019　　　　　C. 2020　　　　　D. 2021

二、多选题

1. 电子商务高速发展，目前已经渗透到各领域，在农村领域的应用主要有（　　　）。
    A. 将工业品卖到农村
    B. 将农村旅游资源放到互联网上去展示
    C. 在网上卖农产品
    D. 借助网络帮助农民学习相关种植、养殖技术

2. 当前，淘宝村发展的主要特点有（　　　）。
    A. 淘宝村集群化发展、裂变式扩散的特征进一步增强
    B. "跨境淘宝村"兴起
    C. 淘宝村在增加农民收入、带动返乡创业、促进产业兴旺等方面凸显出重要的经济、社会价值
    D. 淘宝村持续助力减贫脱贫
    E. 淘宝村呈现出明显的以浙江为中心先向东部沿海省份扩散，再向中西部地区扩散的特征

第十章
跨 境 电 商

知识目标

1. 了解跨境电商的定义与发展历程。
2. 了解主要的跨境电商平台。
3. 了解跨境物流与海外仓的基础知识。

能力目标

1. 熟悉主流跨境电商平台的功能。
2. 能够根据实际情况处理跨境电商中的物流环节。
3. 能够开展选品、营销等跨境电商活动。

素质目标

1. 具备开展跨境电商活动的综合素质。
2. 具有风险意识，熟知跨境电商中的不可控风险。
3. 具有服务本地经济的意识。

思政目标

1. 在具有文化自信的同时，能适应不同文化的差异，熟悉不同国家的商业规则。
2. 保守商业机密与国家机密。

■ 引言 ▬▬▬▬▬▬▬▬▬▬▬

随着国内外经济环境的变化，我国外贸企业的电子商务应用出现了新的契机。在国际市场需求萎缩，中国劳动力、土地、资源能源等要素成本显著上升和人民币持续升值，以及贸易摩擦对我国进出口贸易造成严重冲击的同时，国内外贸企业面临的跨境贸易形势也发生了显著变化。这些变化极大地推动了以小额跨境交易为代表的跨境电商及物流服务业的发展。

第十章　引导案例

第一节　跨境电商概述

一、跨境电商的定义

跨境电商是指在互联网普及背景下，信息通信技术与传统国际贸易相结合产生的一种新型贸易模式。跨境电商以电子技术和物流技术为手段，以商务为核心，把原来传统的销售、购物渠道转移到互联网上，打破国家与地区间的壁垒，实现全球化、网络化、无形化、个性化、一体化服务。

二、我国跨境电商的发展历程

（一）跨境电商萌芽期

我国从 1989 年开始建设互联网。1993 年，国务院提出"金关工程"计划，旨在建设现代化外贸数字信息网。在萌芽阶段，我国先后搭建了中国电子口岸、对外经贸合作部网站、中国国际电子商务中心等一批网站，为跨境电商发展奠定了坚实的基础。

（二）跨境电商 1.0——信息发布窗口期

1994 年，我国正式接入国际互联网，3 年后我国互联网络信息中心也建成落地。在这个时期，网络黄页逐渐代替传统纸质黄页，跨境电商 B2B 信息平台崭露头角。它能帮助企业进行网络营销和业务推广，从而有效降低中小企业运营成本，为中小企业提供了与大企业公平竞争的机会。在此背景下，网络黄页迅速发展起来。

早期的外贸网站，如阿里巴巴、中国制造网、全球市场、慧聪网等，基本都是采用网络黄页的模式，通常提供的服务有竞价排名、广告营销、增值服务及线下服务等。该模式主要依靠收取信息费、广告费与推广费盈利。在这一阶段，平台服务商大多为中小外贸企业提供对外营销的窗口，尚不具备在线交易的功能。

（三）跨境电商 2.0——在线交易

自 2007 年以来，各类电子商务平台开始与物流公司、银行等部门开展战略合作。跨境电商 B2B 平台稳定成长，跨境电商 B2C 出口平台逐渐起步并进入高速发展时期。跨境电商零售业的发展导致国际贸易主体、贸易方式等发生巨大变化，大量中国中小企业开始直接深入参与国际贸易。跨境电商盈利模式转向依靠佣金、提供互联网金融服务等方面。在这一阶段，外贸企业一般通过两种途径达成交易：一是平台入驻模式，在第三方平台建立网上店铺，借助平台进行跨境交易，具有代表性的跨境电商平台是敦煌网；二是自营电商模式，以兰亭集势为代表，通过自建网站构建自主品牌，逐步进行网络推广，其利润来源于进销利差。

（四）跨境电商 3.0——综合服务平台模式

自 2010 年起，各跨境电商平台不断加大力度扩展产业链条，形成了一站式外贸服务链条。以一体化服务平台跨境通为例，其为客户提供包括融资、运输、保险、仓储、外贸单证制作、报关、商检、口岸通关、核销、退税等一体化全方位的外贸服务。近年来，我国"海淘"规模不断扩大。为了满足国内客户的消费升级需求、规范行业发展，2014 年我国政府出台了跨境电商零售进口业务的有关政策，促进了这一模式的迅猛发展，催生了一大批跨境电商零售进口平台和企业，包括天猫国际、网易考拉、聚美优品、洋码头、小红书等，使整个行业在 2015 年迎来爆发式增长。外贸综合服务业的出现，有效节约了中小外贸企业的经营成本，为优化我国外贸进出口提供了有力的支撑。

三、跨境电商的分类

可以将跨境电商按照以下标准进行分类。

1）按照商品流向分类。按照商品流向可将跨境电商分为进口、出口两类。进口型跨境电商平台主要有天猫国际、苏宁全球购、网易考拉、亚马逊海外等，出口型跨境电商平台主要有全球速卖通、敦煌网、eBay 和亚马逊等。

2）按照商业模式进行分类。按照商业模式将跨境电商大致分为 B2B、B2C、C2C、O2O、B2M、M2C 等。在跨境电商中最常见的几种模式是 B2B、B2C、C2C 模式。

B2B 模式是指进出口企业通过第三方跨境电商平台进行商品信息发布并撮合交易，其中买卖双方均是企业客户，买方不是最终客户。跨境电商 B2B 平台主要分为信息服务类与交易服务类。目前，B2B 模式是我国规模最大、中小企业参与度最高的跨境电商模式。B2B 模式跨境电商的代表企业是敦煌网、易唐网及中国制造网等。

B2C 模式是指进出口企业与海外最终客户利用第三方跨境电商平台完成在线交易。客户在网上选购、支付，企业通过线下物流将货物交付给最终客户。国内典型的 B2C 进口跨境电商有天猫国际、京东全球购等，出口 B2C 跨境电商以速卖通为代表。

C2C 模式是指买卖双方均为非企业客户，分处不同关境的买家与卖家通过在线交易平台自愿达成交易。这一模式充分满足了客户个性化的需求，其主要以海外买手的形式存在，其中具有代表性的跨境电商有洋码头与街蜜等。

根据进、出口两个方向对跨境电商平台服务模式进行整理，具体划分如表 10-1 和表 10-2 所示。

表 10-1　跨境电商出口平台主要服务模式

商业模式	B2B		B2C	
平台分类	信息服务平台	交易服务平台	开放平台	自营平台
平台服务模式	平台提供信息发布、信息检索、撮合交易等服务	平台为买卖双方提供网上交易和在线电子支付等服务	开放平台提供卖家店铺入驻，开放商品发布、在线交流、物流、买卖双方互评、仓储、营销推广等业务，以平台为核心构建生态圈	平台自主制造或采购商品、自主定价，并负责商品配送与售后
主要代表	环球资源网、中国制造网	敦煌网、大龙网、阿里巴巴国际站	eBay、亚马逊、速卖通	兰亭集势

表 10-2　跨境电商进口平台主要服务模式

经营模式	主要代表	简介	优势	劣势
开放平台模式	天猫国际	引入第三方商家	轻资产模式，SKU（stock keeping unit，库存量单位）丰富	收入靠佣金，对商品品质把控能力弱
自营+平台模式	京东全球购	一部分自营，一部分由商家入驻	供应链管理能力强，与品牌建立稳定关系，品质管控能力强	重资产模式，要求供应链管理能力强
闪购模式	唯品国际、聚美优品	凭借运营特卖经验及客户黏性销售商品，采取低价抢购策略	产品更新快，客户重复购买度高	门槛低、竞争激烈
买手制+海外商户入驻模式	洋码头	引入海外买手，提供商品服务，依托自身官方国际物流承运	买手群体庞大，满足客户个性化需求	售后服务有待提高

续表

经营模式	主要代表	简介	优势	劣势
垂直自营	蜜芽宝贝	商品品类专项化程度高、深耕某一特定领域	供应链模式多样，商品单一品类细分程度高	客户群体有限
导购返利模式	55海淘	编辑海外电商信息进行引流，将订单汇总给海外电商	技术门槛低，能迅速了解客户需求	竞争激烈，难成规模

四、主要的跨境电商第三方平台

跨境电商第三方平台主要是指企业不用自己建设电商的销售平台，如企业直接入驻全球速卖通、Wish、敦煌网、eBay、亚马逊五大主流跨境电商平台，通过与企业合作的物流企业或直接使用跨境电商平台提供的物流方式配送商品。

（一）全球速卖通

全球速卖通是阿里巴巴面向全球市场打造的在线交易平台，致力于跨境电商业务，被广大客户称为国际版"淘宝"。全球速卖通面向海外客户，通过支付宝国际账户进行担保交易，并使用国际物流渠道运输货物，是全球第三大英文在线购物网站。全球速卖通于2010年4月上线。业务覆盖3C、服装、家居、饰品等30个一级行业类目，其中优势行业主要有服装服饰、手机通信、鞋包、美容健康、珠宝手表、消费电子、计算机网络、家居、汽车摩托车配件、灯具等。截至2020年底，全球速卖通共有6100万名注册用户，每月积极使用全球速卖通的人数达到2910万。其中，俄罗斯卖家的营业额占该平台营业额的25%。与此同时，全球速卖通80%的客户为中小企业。

全球速卖通最大的特点是"价格为王"。同时，全球速卖通非常重视营销推广。该平台免费为卖家提供四大营销工具，即"限时限量折扣""店铺优惠券""全店铺满立减""全店铺打折"。卖家也可付费参加平台的直通车活动，在短时间内获得大量的曝光和流量。卖家按照有效点击数来付费，费用高低与推广评价及出价相关。

（二）Wish

Wish公司于2011年12月创立于美国旧金山硅谷，起初只是一个类似于国内蘑菇街和美丽说的导购平台。2013年3月，Wish在线交易平台正式上线，其移动App于同年6月推出，当年经营收益即超过1亿美元，并蝉联2017~2019年全球购物类App下载量冠军。截至2020年底，Wish注册用户超过5亿，月活用户超过9000万，已有超过15万商家在Wish平台开店，其中90%来自中国。Wish为客户提供高性价比的时尚服饰、家居用品、3C等优质产品。

Wish最大的特点就是专注于移动端购物。在Wish平台，98%的流量和95%的订单来自移动端。这个数据足以让亚马逊、eBay、全球速卖通等跨境电商大鳄"颤抖"。几乎人人都知道，我们正处于从 PC 端到移动端"迁徙"的时代。然而，能够摆脱传统互联网思维束缚、完全专注于移动端发展的平台少之又少。Wish 采取基于搜索引擎的匹配技术，即通过用户行为判断用户偏好，并通过算法将用户和商家、商品进行准确的匹配，给用户推送其可能感兴趣的商品和商家。

（三）敦煌网

敦煌网 B2B 在线交易平台于 2005 年正式上线，是全球领先的在线外贸交易平台，致力于帮助中国中小企业通过跨境电商平台走向全球市场。敦煌网采取佣金制、免费注册制，只在买卖双方交易成功后收取一定比例的费用（一般为 7%～15%）。敦煌网的优势项目为手机和电子产品。

作为第二代 B2B 电子商务的开拓者，敦煌网最大的特点是完善的在线交易环境和配套的供应链服务。敦煌网整合跨境交易涉及的各环节，并将其纳入自身的服务体系。这种基于专业化分工的整合，将买卖双方从复杂的交易过程中解放出来，使复杂的跨境贸易变得相对简单。更为重要的是，敦煌网提供的各项服务大幅降低了交易双方的成本。

（四）eBay

eBay 是一个可让全球用户上网买卖物品的线上拍卖及购物网站，于 1995 年 9 月 4 日由皮埃尔·奥米迪亚（Pierre Omidyar）创立于加利福尼亚州圣何塞。eBay 的创立最初是为了帮助创始人奥米迪亚的未婚妻交换皮礼士糖果盒。1999 年，eBay 开始全球扩张，其首个海外站点是德国站。2002 年，eBay 与 PayPal 合并。目前，eBay 的业务覆盖 190 多个国家和地区，日均成交量达数百万单。

与全球速卖通相比，eBay 对卖家的要求更严格，对商品质量要求较高，但同样要求商品价格具有优势，即商品质量要过得去，价格也要有优势。除了和其他平台类似的常规产品交易，二手货的交易也是 eBay 业务的重要组成部分。eBay 的交易方式分为拍卖和一口价两种。eBay 对每笔拍卖向卖家收取 0.25～800 美元的刊登费，在交易成功后再收取 7%～13% 的成交费。在合并了 PayPal 后，eBay 的支付方式默认为 PayPal。商家在 eBay 注册开店时必须绑定有效的 PayPal 账户。

（五）亚马逊

亚马逊成立于 1995 年，最初是一个销售书籍和音像制品的 "网上书店"。2000 年，亚马逊开始进行品类扩张和国际扩张，致力于成为全球最大的网络零售商。亚马逊的用户多为国外中高端消费群体。2015 年，亚马逊在全球市值最高的 20 家互联网公司中位列第 4。

在所有的跨境电商第三方平台中，对卖家要求最高的是亚马逊，它不仅要求卖家的商品质量必须有优势，还要求商品必须有品牌。亚马逊鼓励用户自助购物，将用户对于售前客服的需求降到最低，这要求卖家提供非常详细、准确的商品信息。

亚马逊支持货到付款，并且拥有自己的付费会员群体 Amazon Prime（亚马逊金牌服务）。每年支付一定金额的会员费（美国亚马逊为 99 美元，中国亚马逊为 388 元人民币），Amazon Prime 会员就能享受免运费 2 日送达服务（个别商品除外），还能够通过亚马逊观看约 4 万部电影和电视剧集，并享受 50 万本 Kindle 电子书的借阅服务。截至 2022 年 6 月底，亚马逊在全球拥有 17 个海外站点，超过 3 亿活跃用户，以及数百万企业及机构卖家。

亚马逊的另一特色服务是 FBA（fulfillment by amazon，亚马逊仓储物流），为商家提供物流和仓储的配套服务，并收取一定的费用。卖家要使用亚马逊物流服务，需要自行将商品进口到开店的各海外国家，并储存在相应的亚马逊物流中心，由亚马逊来完成当地的订单配送。虽然 FBA 的收费标准高于一般的仓储公司，但由于 FBA 得到买家较高的认可，不少买家都愿意支付更多的钱来选择 FBA。在同等条件下，FBA 卖家的曝光度高于普通卖家，并且使用 FBA 的卖家所得到的任何由物流带来的中、差评都可以由亚马逊帮助移除。

阅读材料 10-1

微课 10-1　跨境电商平台分析（上）　　　　微课 10-2　跨境电商平台分析（下）

第二节　跨境物流与海外仓操作

在跨境电商领域，物流配送是非常重要的部分。经济高效的物流配送意味着降低配送成本、缩短交货时间、降低丢包率，为客户提供更优质的购物体验，从而使客户在市场竞争中取得经营优势。目前，较为主流的跨境物流包括邮政包裹、国际快递、专线物流和海外仓。

一、跨境物流

（一）中国邮政航空小包

中国邮政航空小包（China post air mail），又被称为中国邮政小包、邮政小包、航空小包，是指包裹重量在 2 千克以内，外包装长、宽、高之和小于 90cm，且最长边小于 60cm，通过中国邮政空邮服务寄往国外的小邮包。它分为平邮小包（China post ordinary air mail）和挂号小包（China post registered air mail）两种，可寄达全球各邮政网点。

因为中国邮政航空小包在2千克以内，以个人物品方式出境，所以出口清关不会产生关税或清关费用，但在目的地国家进口时有可能产生进口关税，具体根据每个国家海关税法的规定而各有不同（相对于其他商业快递，中国邮政航空小包能最大限度地减免关税）。中国邮政航空小包价格较低，并且中国邮政网络基本覆盖全球，比其他任何物流渠道都要广，因此中国邮政航空小包呈现出明显的优势。据不完全统计，中国跨境电商出口业务70%的包裹都通过邮政系统投递，其中，中国邮政航空小包占据50%左右的份额。香港邮政小包、新加坡邮政小包等也是中国跨境电商卖家常用的物流方式。

当然，中国邮政航空小包也存在一些固有的缺点，包括限制重量2千克、运送时间总体较长，如目的地为俄罗斯、巴西等国家时，超过40天才会显示买家签收。有一些国家是不支持全程跟踪物流信息的。中国邮政速递物流官方的183网站也只能跟踪国内部分的物流信息，对国外部分的物流信息不能实现全程跟踪。因此，卖家需要借助其他公司的网站或登录寄达国的查询网站进行跟踪，不便于查询物流信息。

跨境电商卖家除了选择中国邮政航空小包，还可以根据产品的特点（如是否能带电池等）选择其他国家和地区的邮政小包，如新加坡邮政小包、香港邮政小包、瑞士邮政小包等。

（二）中国邮政航空大包

中国邮政航空大包（China post air parcel），又被称为航空大包或中邮大包，是区别于中国邮政航空小包的服务。通过邮政空邮服务寄往国外的大邮包，又可被称为国际大包。国际大包分为普通大包（normal air parcel，非挂号）和挂号大包（registered air parcel）两种。

中国邮政航空大包以首重1千克、续重1千克的计费方式结算，价格比EMS（express mail service，邮政特快专递服务）低，且和EMS一样不计算体积，没有偏远附加费，与商业快递相比有绝对的价格优势；可寄达全球200多个国家和地区，通达国家多且清关能力非常强；运单简单，操作方便；妥投速度慢，查询信息更新慢。

（三）中国邮政跨境专线物流

中国邮政速递物流股份有限公司目前已经开通了适用于轻小件寄递的e邮宝业务和较高价值物品寄递的e特快业务等跨境专线物流。

ePacket俗称e邮宝，又称EUB，是中国邮政速递物流股份有限公司为适应跨境电商物品寄递的需要，整合中国邮政速递物流网络资源，与主要电商平台合作推出的速递服务产品。e邮宝支持发往美国、英国、澳大利亚、加拿大等39个国家和地区。

e特快是中国邮政速递物流股份有限公司开发的又一款方便跨境电商商家发货的服务产品，它吸收了EMS与e邮宝两者的长处，是对两者的优化，能更好更方便地服务客户，业务范围包括日本、韩国、俄罗斯、澳大利亚、新加坡、英国、法国、巴西、西班牙、荷兰、加拿大、乌克兰、白俄罗斯等 100 多个国家，收寄重量不受 2 千克的限制，计费首续重为 50 克，寄递时限更快，信息反馈更完整。

中国邮政跨境专线物流集中大批量货物发往目的地，通过规模效应降低成本，因此，其价格比商业快递低，速度快于中国邮政航空小包，丢包率也比较低。但与中国邮政航空小包相比，中国邮政跨境专线物流的运费成本高，且在国内的揽收范围相对有限，覆盖地区有待扩大。

e 邮宝和 e 特快适用于轻小件寄递。由于 e 邮宝不受理查单业务，不提供邮件丢失、延误赔偿，因此对于一些价值比较高的商品不适合采用 e 邮宝寄递，而适合采用 e 特快寄递。

e 邮宝和 e 特快都是 EMS 推出的特定产品。EMS 是由万国邮政联盟创办的邮政特快专递，受各国法律保护，享有航运和海关验关优先权，是最迅速、最安全的邮政特种业务。在中国，EMS 是属于中国邮政速递物流股份有限公司的一个快递品牌，而中国邮政速递物流股份有限公司是中国邮政集团旗下的公司。中国邮政航空小包、中国邮政航空大包是由中国邮政集团直接运营。

（四）国际 EMS 业务

国际 EMS 业务通达全球 200 多个国家和地区，以及国内近 2000 个城市，高速度、高质量地为客户传递国际、国内紧急信函，文件资料，金融票据，商品货样等各类文件资料和物品。

EMS 拥有快速清关的优点，但价格比中国邮政航空小包、e 邮宝贵。

二、四大国际商业快递公司

（一）DHL

DHL 又称敦豪航空货运公司，1969 年创立于美国旧金山，现隶属于德国邮政全球网络。DHL 是全球快递、洲际运输和航空货运的领导者，也是全球第一的海运和合同物流提供商。在中国，DHL 与中国对外贸易运输（集团）总公司合资成立了中外运敦豪国际航空快件有限公司，是进入中国市场时间最早、经验最丰富的国际快递公司。DHL 拥有世界上最完善的速递网络之一，可以到达 220 个国家和地区的 12 万个目的地，在中国的速递市场占有率达到 36%。

DHL 在美国、欧洲有较强的清关能力，它拥有世界上最完善的速递网络之一，可以达到 220 个国家和地区的 12 万个目的地。

（二）UPS

UPS（United Parcel Service，美国联合包裹服务公司）起源于 1907 年在美国西雅图成立的一家信差公司，目前是世界上最大的快递承运商与包裹递送公司之一，也是专业的运输、物流、资本与电子商务服务提供者。

从世界范围来看，UPS 历史最为悠久，且与 FedEx 一直是对手。但在中国，UPS 的影响力小于 FedEx。UPS 的强势地区为美洲地区，在美洲地区其性价比最高。

（三）FedEx

FedEx（Federal Express，联邦快递公司）是一家国际性速递集团公司，提供隔夜快递、地面快递、重型货物运送、文件复印及物流服务，其总部设于美国田纳西州，年营业额高达 390 亿美元。FedEx 于 1984 年进入中国，与天津大田集团有限公司成立合资企业大田—联邦快递有限公司，2014 年 12 月 16 日，联邦快递公司同意收购逆向物流公司 Genco。这标志着联邦快递大举进军电子商务领域。

（四）TNT

TNT（Teens In Times，国际快递集团）是全球领先的快递邮政服务供应商，为企业客户和个人客户提供全方位的快递和邮政服务，该公司总部设在荷兰的阿姆斯特丹。TNT 拥有欧洲最大的空陆联运快递网络，能实现门到门的递送服务，并且正通过在全球范围内扩大运营分布来最大幅度地优化网络效能。TNT 于 1988 年进入中国市场，拥有 26 家国际快递分公司及 3 个国际快递口岸，拥有国内最大的私营陆运递送网络，服务覆盖中国 500 多个城市。

上述四大商业快递公司对信息的提供、收集与管理有很高的要求，以全球自建网络及国际化信息系统为支撑，寄递准许寄递的文件和包裹。它们的优点是速度快、服务好、丢包率低，尤其是将快递发往欧美发达国家非常方便。但是其价格昂贵，且价格资费变化较大。一般跨境电商卖家只有在买家强烈要求时效性的情况下才会使用这些快递，且会向买家收取运费。

三、海外仓

（一）海外仓的含义

海外仓是指在本国以外的国家或者地区建立的海外仓库，主要用于发展海外电子商务。海外仓可以为全球卖家提供仓储、包装、分拣、派送等一站式综合服务。目前，中国卖家在美国、英国、德国、澳大利亚等国家建立了海外仓。

（二）海外仓的优势

1）改变传统的跨境电商物流方式，实现海外物流的本地化运输。
2）改善服务，提升海外客户的体验度，提升销售额。
3）改变卖家身份，降低海外竞争的激烈程度。
4）扩大跨境货物的运输品类，降低跨境物流费用。

（三）海外仓操作流程

1）中国卖家通过一般贸易出口的方式（选择传统的国际海运、空运或者国际快递等）将货物发往海外仓。

2）通过国际物流商的信息系统管理海外仓的货物。①买家下订单，卖家将订单信息发送给海外仓工作人员进行订单操作处理。②海外仓工作人员收到指令，按照卖家指示对货物进行包装、分拣、派送等操作。③海外仓扣除相关费用后，发货至买家。

3）及时更新信息。通过国际物流公司的信息系统及时更新发货及库存信息，让卖家及时掌握情况。

（四）海外仓的费用

海外仓的费用主要包括头程运费、订单操作费、仓租费和海外本地派送费。

1）头程运费主要是指国际海运运费（含整柜与拼箱运费）、国际航空运输运费和国际快递运费。

2）订单操作费主要是指产生海外订单后，该票货物出库的基本操作的费用。浙江点库电子商务有限公司澳大利亚仓的订单操作费如表 10-3 所示。

表 10-3　浙江点库电子商务有限公司澳大利亚仓的订单操作费

重量/千克	价格/元	
	首件	续件
0～1	3.00	2.00
1.01～2	4.00	2.00
2.01～10	5.00	2.00
10.01～20	9.00	2.00
20.01～30	12.00	2.00

3）仓租费是指货物租用仓库产生的费用，海外仓一般前 30 天是免仓租费用的。浙江点库电子商务有限公司澳大利亚仓仓租费用如表 10-4 所示。

表 10-4　浙江点库电子商务有限公司澳大利亚仓仓租费用

仓储时间	仓储费/（元/天）	计算单位
30 天以内	免费	
超过 30 天	0.03	件 （体积<0.001 立方米）
	0.05	件 （体积为 0.001～0.02 立方米）
	3.00	件 （体积>0.02 立方米）

第三节　跨境电商选品策略及平台注册

近年来，在传统外贸增长乏力的大背景下，国内出口公司急需开辟掘金新通路，而当前不断出台的政策、法规为跨境电商发展提供了助力。中国是世界制造中心，丰富的产品线、低廉的价格使出口行业具有天然的优势。但是面对众多选择，如何选择更符合国外客户需求的产品呢？亚马逊在运营中总结出一条定律：七分靠选品，三分在运营。可见选品是从事跨境 B2C 业务非常重要的环节，同时也是从事跨境 B2C 业务的基础，决定了跨境电商的未来走向、销量大小和利润盈亏。如果跨境电商选品出现失误，则后期有再高超的运营思路和服务也难有好的销量。

一、明确店铺定位，建立稳定货源

跨境电商选品时，首先要明确店铺定位，结合自身实力来选择产品。跨境电商应明确自身优势和特点，梳理产品资源、人脉资源，切记不能盲目跟从平台销量领先的商家。其次要选择有稳定货源的产品。从事跨境电商的中小企业或者个体企业选择在 1688 平台采购产品，但这种情况并不能满足客户个性化的需求，并且在物流时效方面也不占优势。因此跨境电商商家要尽可能地找到价格合理、保证品质、供货稳定的供应商。

二、利用平台资讯信息，了解国外市场需求

卖家销售的产品要满足买家的需求，因此跨境电商选品要遵循市场需求的原则。跨境电商应当销售客户容易接受且消费频率高的产品。跨境电商商家在早期大多选择先上架再采购的策略，在不断试卖中发现适合自己并能带来销量的产品。但随着跨境电商平台入驻门槛和监管机制不断升级，这种方式已经很难满足要求，这就需要跨境电商商家通过需求调研选择产品，利用平台资讯信息了解国外市场需求。

三、利用平台自带的搜索功能，分析客户热门需求和潜在需求

各跨境电商平台都有搜索框，商家通过这个搜索框可以判断客户需求。以速卖通为例，打开速卖通的购物页面，在搜索框下面会显示 mechanical keyboard（机械键盘）、camera drone（无人机）、rings for women（女性戒指）、cat eye sunglasses（猫眼太阳镜）、3d printer（3d 打印机）等许多关键字，刷新页面，每次出现的都不一样，这些字就是俗称的热门关键字，通过热门关键字可以了解哪些产品在国外的需求量比较大。

四、利用各种数据分析工具，挖掘买家潜在需求

常用的数据分析工具有站内数据工具和站外数据工具。跨境电商平台都会有自带的

站内数据工具，如 eBay 的 ebay plus、亚马逊的四大排行榜、速卖通的数据纵横、Wish 的跨境商户数据分析平台及敦煌网的数据智囊。以敦煌的数据智囊为例，在该栏目下有行业动态和搜索词追踪栏目，通过行业动态可以把握行业最新动态，了解行业排名及行业内的店铺和产品排名，追踪买家情报，了解行业买家主要集中在哪些国家，区分不同地区买家的行为规律。根据搜索词追踪，卖家能了解行业搜索词和引流搜索词，掌握热搜关键字，挖掘买家潜在需求。站外常用的数据工具有 Google Trend（谷歌趋势）等。Google Trend 是 Google 推出的一款基于搜索分析的产品，通过分析 Google 全球数以亿计的搜索结果，告诉用户某一搜索关键字各时期在 Google 被搜索的频率和相关统计数据。简而言之，通过 Google Trend 可以看到人们在网络上对什么事情感兴趣。此外，VOTOBO（物托帮）也是一个不错的分析网站，该网站对 eBay、速卖通、Wish 和亚马逊的热销排行及飙升排行进行实时监控，让用户通过邮件订阅查看指定关键字下的热销产品数据分析。

五、多渠道选品，开辟蓝海市场

很多商家通过产品热度和竞争力来筛选产品，但是产品的热度和竞争力是成正比的，往往最热卖的产品，竞争压力也是最大的。中小企业想开辟蓝海市场，就需要有足够的市场敏感度和洞察力。例如，Wish 平台上有一款爆款蓝牙耳机，有很多商家在出售这款耳机。我们通过分析该产品的用户评价，可以发现很多人反应该产品电池容量不足。从期望产品层次分析，该产品没有很好地满足用户的期望。商家完全可以开发全新升级的产品，开发电池容量更大、性价比更高的产品，吸引更多有需求的用户。同样的，在 Wish 平台上有一款手表卖得特别好，累计销售量高达 90 000 件。既然这款手表这么畅销，那么何不继续深挖该产品需求、发掘潜在产品呢？每个人的手腕粗细不一样，有的表带大小不合适，这些用户自然就有调节表带长度的需求，因此拆表器就是非常有潜力的爆款周边产品。

六、关注平台规则，避免选品侵权

新商家从事跨境电商业务离不开跨境电商第三方平台，不同平台的规则、特点、侧重的产品市场不同。例如，亚马逊相对比较高端，其销售产品类目最全，入驻门槛最高，容错率也最低。亚马逊主要的目标市场是美国、加拿大等发达国家。速卖通相对于亚马逊来说，入驻门槛低，适合新商家，其产品大多定位中低端，主要的目标市场是俄罗斯。但速卖通的一些经营类目不允许新商家入驻，如婚纱、假发等。Wish 平台操作简单，客服功能简化，是面向高端市场的移动 App 平台，对发货时效性更敏感，对侵权行为处罚严格。

因此，商家要认真学习各平台的规则，并严格按照各项法律、法规和平台规则来进行选品，尤其要规避侵权行为。侵权包含了商标侵权、发明专利侵权、外观专利侵权等。一旦出售违禁产品或出现侵权行为，商家就将面临关店、冻结账号等处罚。

技能训练 10-1　完成跨境第三方平台店铺的注册

任务 1：学生 3~4 人为一组，以小组成员的名义完成速卖通店铺注册。

任务 2：学生 3~4 人为一组，以小组成员的名义完成敦煌网店铺注册。

任务 3：学生选择 10 款主打产品，并撰写选品方案。

本 章 小 结

1）跨境电商推动了我国对外贸易的发展，同时对我国宏观经济产生了积极影响。目前，我国跨境电商总体保持增长态势，这既得益于跨境电商行业先行者的积极探索，又得益于跨境电商发展的宏观环境，如经济环境、政策环境及信息通信环境的日趋成熟。然而，我国跨境电商的发展仍面临着诸多问题与风险。解决跨境物流、跨境支付及争端处理等环节出现的实际问题，不仅要依靠企业创新，还要依靠行业组织与政府协调引导，积极寻求解决方案。

2）目前，以互联网技术为代表的新工业革命兴起，云计算、大数据、VR、物联网、人工智能等高新技术项目层出不穷。高新科技的普及应用将为跨境电商注入新生力量。政策支持、技术升级与管理创新将驱动跨境电商持续加快发展。

同 步 训 练

一、单选题

1. 专注于移动端的跨境电商平台是（　　　）。

　　A．速卖通　　　　　　B．Wish　　　　　　C．亚马逊　　　　　　D．敦煌网

2. （　　　）模式是指进出口企业通过跨境电商第三方平台进行商品信息发布并撮合交易，其中买卖双方均是企业用户，买方不是最终消费者。

　　A．B2B　　　　　　B．B2C　　　　　　C．C2C　　　　　　D．O2O

3. 所有的跨境电商第三方平台中，对卖家要求最高的是（　　　）。

　　A．亚马逊　　　　　　B．速卖通　　　　　　C．eBay　　　　　　D．Wish

4. FBA 是（　　　）平台的特色服务。

　　A．亚马逊　　　　　　B．速卖通　　　　　　C．eBay　　　　　　D．Wish

二、多选题

1．跨境电商的参与主体有（　　）。

A．通过第三方平台进行跨境电商经营的企业和个人

B．跨境电商的第三方平台

C．物流企业

D．支付企业

2．eBay 销售方式有（　　）。

A．一口价　　　　　　　　B．信用保障订单

C．拍卖　　　　　　　　　D．Listing 跟卖

3．亚马逊的运营和推广策略和国内电商平台大不相同，以下属于亚马逊运营特点的是（　　）。

A．Listing 跟卖　　B．FBA　　　　C．A-to-Z 条款　　D．Buy Box

4．以下属于跨境电商人员需要具备的素质的是（　　）。

A．了解海外客户网络购物的消费理念和文化

B．了解相关国家知识产权和法律知识

C．熟悉各大跨境电商平台不同的运营规则

D．具备"当地化/本地化"思维

5．跨境电商 B2C 模式货物的特点有（　　）。

A．量小　　　　　B．量大　　　　C．品杂　　　　D．单多

三、思考题

结合某个跨境电商平台，如 Wish、速卖通等，谈谈具体的选品策略。

参 考 文 献

埃弗雷姆·特班，戴维·金，李在奎，等，2013. 电子商务：管理与社交网络视角[M]. 时启亮，陈育君，占丽，译. 7 版. 北京：机械工业出版社.

方玲玉，2015. 电子商务基础与应用："学·用·做"一体化教程[M]. 北京：电子工业出版社.

邵兵家，2019. 电子商务概论[M]. 4 版. 北京：高等教育出版社.

王冬霞，2012. 电子商务概论及实训[M]. 3 版. 北京：科学出版社.

许应楠，2018. 电子商务基础与实务[M]. 北京：高等教育出版社.

杨波，王刊良，2017. 电子商务创新与创业案例[M]. 北京：中国人民大学出版社.

杨泳波，2017. 电子商务基础与应用教程[M]. 北京：人民邮电出版社.